T0157212

رقم الإيداع لدى دائرة المكتبة الوطنية : (٢٠٠٩/٨/٣٦٧٥)
العنزي، زياد
المشكلات القانونية لعقود التجارة الإلكترونية من حيث الإثبات وتحديد زمان ومكان العقد/ زياد خليف شداخ العنزي. - عمان ، دار وائل للنشر والتوزيع ٢٠٠٩
(٢٠٢) ص
ر.إ. : (٢٠٠٩/٨/٣٦٧٥)
الواصفات: /التجارة الإلكترونية// التجارة الدولية/
* تم إعداد بيانات الفهرسة والتصنيف الأولية من قبل دائرة المكتبة الوطنية

****

رقم التصنيف العشري / ديوي : ٣٣٧
ISBN ٩٧٨-٩٩٥٧-١١-٨٣٣-٤ (ردمك)

* المشكلات القانونية لعقود التجارة الالكترونية من حيث الإثبات وتحديد زمان ومكان العقد
* الدكتور زياد خليف شداخ العنزي
* الطبعـة الأولى ٢٠١٠

* جميع الحقوق محفوظة للناشر

دار وائـل للنشر والتوزيع

* الأردن - عمان - شارع الجمعية العلمية الملكية - مبنى الجامعة الاردنية الاستثماري رقم (٢) الطابق الثاني
هـاتف : ٠٠٩٦٢-٦-٥٣٣٨٤١٠ - فاكس : ٠٠٩٦٢-٦-٥٣٣١٦٦١ - ص. ب (١٦١٥ - الجبيهة)
* الأردن - عمـان - وسـط البلـد - مجمـع الفحيص التجـاري- هـاتف: ٠٠٩٦٢-٦-٤٦٢٧٦٢٧
www.darwael.com
E-Mail: Wael@Darwael.Com

جميع الحقوق محفوظة، لا يسمح بإعادة إصدار هذا الكتاب أو تخزينه في نطاق استعادة المعلومات أو نقله أو إستنساخه بأي شكل من الأشكال دون إذن خطي مسبق من الناشر.

All rights reserved. No Part of this book may be reproduced, or transmitted in any form or by any means, electronic or mechanical, including photocopying, recording or by any information storage retrieval system, without the prior permission in writing of the publisher

المشكلات القانونية لعقود التجارة الالكترونية

مـن حيث

الإثبات وتحديد زمان ومكان العقد

الدكتور

زياد خليف شداخ العنزي

أستاذ مساعد

جامعة الشرق الأوسط للدراسات العليا

أستاذ مساعد " زائر"

جامعة عجمان للعلوم والتكنولوجيا

دار وائل للنشر

الطبعة الأولى

٢٠١٠

إهـــداء ...

إلى الأرواح الطاهرة التي كم تمنيت أن تـرى هـذا العمل ولكن لم يسعفها القدر ..

إلى أبي وأمي.. . أسكنهم الله فسيح جناته .

إلى إخوتي .. محبة.. وعرفاناً .. وتقديراً..

إلى زوجتي وأولادي....

أهدي هذا العمل ،،،

الفهرس

بسم الله الرحمن الرحيم

مقدمــــة

يشهد العالم حاليا تطورات متلاحقة في مجال الوسائل الإلكترونية، والتي واكبها تطورات أخرى في مجال نظم الاتصالات، ولقد نجم عن الاقتران بين المجالين ظهور تقنيات اتصال حديثة، كشبكة الإنترنت، وأصبح الأطراف ينجزون معاملاتهم باستعمال الوسائل الإلكترونية ويتبادلونها عن طريق الإنترنت.

وهذه المعاملات قد تتعلق بالأعمال التجارية أو بتقديم الخدمات، ويمكن تقسيمها بناءً على ذلك إلى نوعين، الأول: المعاملات التي تتعلق بالخدمات، والمعاملات التي تتعلق بالأعمال التجارية ويطلق عليها مصطلح التجارة الإلكترونية.

وإبرام المعاملات عن طريق شبكة الإنترنت، يثير بعض المشكلات القانونية، من أهمها إثبات تلك المعاملات، إذا كان القانون الواجب التطبيق يتطلب الكتابة لإثباتها.

معظم الدول أصدرت تشريعات تتعلق بالمعاملات الإلكترونية لأجل حل تلك المشكلة، ولكن هذه التشريعات جاءت بشروط متباينة. سواء فيما يتعلق بالشروط الواجب توافرها بالكتابة التي تقع على وسيط إلكتروني أو فيما يتعلق بالشروط الواجب توافرها بالتوقيع الإلكتروني أو الشروط الواجب توافرها بجهات

التصديق الإلكتروني، وهذه الشروط من الصعب أن يتمكن الشخص العادي من الإلمام بها حتى يعمل على توافرها سواء في التوقيع الإلكتروني أو جهة التصديق التي منحته ذلك التوقيع.

لذا يستلزم الأمر توضيح الشروط الواجب توافرها في الكتابة الإلكترونية حتى تتحقق لها ذات الحجية في الإثبات المقررة للكتابة التقليدية، وتوضيح الشروط الواجب توافرها في التوقيع الإلكتروني حتى تتحقق له ذات الحجية في الإثبات المقررة للتوقيع بخط اليد، وأيضًا توضيح الشروط التي تتطلبها معظم القوانين لاعتماد شهادات التصديق الإلكتروني التي تصدرها جهات التصديق.

وبالإضافة إلى المشكلات المتعلقة في الإثبات والتي يثيرها استخدام الوسائل الإلكترونية هناك مشكلات تتعلق بتحديد زمان ومكان العقود الإلكترونية، فمن الممكن أن يتطلب القانون الواجب التطبيق تحديد زمان العقد المبرم عن طريق الانترنت ويرتب على هذا الوقت آثار معينة، فكيف يتم تحديد زمان ذلك العقد، وأيضًا قد يكون القانون الواجب التطبيق قانون مكان إبرام العقد في المعاملات التعاقدية الإلكترونية، فكيف يتم تحديد مكان إبرام العقد عندما يتم إبرامه عن طريق الإنترنت؟

ونحن نتولى دراسة تلك المواضيع من خلال تقسيم هذه الدراسة إلى فصلين يسبقهما مبحث تمهيدي نوضح من خلاله أهم المجالات التي تستخدم بها العقود الالكترونية وهي التجارة الالكترونية حيث نخصص هذا المبحث لتعريف التجارة الالكترونية ونتناول بشيء من الإيجاز مشكلات العقود الالكترونية الأخرى والتي تتعلق بالتجارة الالكترونية . وذلك على النحو الآتي :

مبحث تمهيدي : ماهية التجارة الالكترونية

الفصل الأول : أثبات العقود التي تتم عبر الانترنت .

الفصل الثاني : زمان ومكان العقود التي تتم عبر الانترنت .

مبحث تمهيدي
ماهية التجارة الإلكترونية

تمهيد وتقسيم :

إن التطور الهائل في تكنولوجيا الحاسبات الآلية والشبكات ألقى بظلاله على التجارة وأصبحت المعاملات التجارية تنجز بوسائل إلكترونية وتتنقل بين أطرافها من خلال شبكة الإنترنت.

فكما هو معروف أن التجارة موجودة منذ القدم وأن هدفها الأساسي الربح، وأنها دومًا تبحث عن أسواق جديدة من أجل زيادة أرباحها وتسويق منتجاتها، وأنها دومًا تبحث عن أي تطور أو اختراع تقني يخدم غاياتها إلى أن ظهرت الإنترنت ووجدت ضالتها به، فبعد أن كان المتجر الصغير لا يحفل من الزبائن إلا بمن يدخلونه ولا يستطيع الوصول إلى الزبائن إلا بمن يحيطون به، أصبح الآن وبواسطة الإنترنت يدخله زبائن أضعاف ما كان في السابق ويستطيع الوصول إلى زبائن على الطرف الآخر من الكرة الأرضية، هذا بالنسبة للمتجر الصغير فما بالك بالنسبة للشركات والمؤسسات التجارية الضخمة بعد أن وجدت وسيلة تفتح أسواق العالم أمامها.

ويمكن القول أن المستفيد من التطور في الحاسبات الآلية وشبكة الإنترنت هي التجارة، وأنها استطاعت التكيف بسرعة مع هذا التطور واستبدلت أساليبها التقليدية في إنجاز المعاملات بأساليب إلكترونية حديثة.

وكانت بدايات هذا التحول من – الأساليب التقليدية إلى الأساليب الحديثة - عـام ١٩٩١م[١] عندما رفعت المؤسسة القومية للعلـوم في الولايـات المتحـدة الأمريكيـة National Science Foundation الحظر الذي كان مفروضًا على استخدام شبكة الإنترنت لغايات تجارية.

ومنذ ذلك التاريخ بدأت التجارة الإلكترونية بالنمو المستمر إلى أن وصلت للحجم الذي هـي عليه اليوم. ومن الأمور التي ساعدت على ذلك الزيادة المستمرة في استخدام الإنترنت من قبل كافـة فئـات المجتمع، وكذلك الزيـادة في استخدام الحاسبات الشخصية مـن قبـل الأفـراد والمؤسسـات التجارية، هذا بالإضافة إلى السمات التي توفرها الأساليب الإلكترونية الحديثة للتجارة، مثل السرعة في إنجاز المعاملات التجارية وتخفيض التكلفة والدقة. وغيرها من سمات التجارة الإلكترونية.

ولتوضيح ماهية التجارة الالكترونية تقتضي الدراسة تعريف التجارة الالكترونية والتطرق لأهم مزايا ومشكلات التجارة الالكترونية . وهذا ما نتناوله في هذا المبحث من خلال التقسيم التالي:

المطلب الأول: تعريف التجارة الإلكترونية.

المطلب الثاني: مزايا ومشكلات التجارة الإلكترونية.

---

(١) Professor. Eben otutexe. Framework. For e–Business Information Security Management (Report) /٢٠٠١

منشور هذا التقرير على شبكة الإنترنت على العنوان:

http://e-commerce. mit. edu/papers/ERF/ERF١٣٦. pdh

المطلب الأول

تعريف التجارة الإلكترونية

لم تتضـمن معظـم التشريـعات المتعلقـة بالتجـارة الإلكترونيـة تعريفـاً محـدداً للتجـارة الإلكترونية، وكانت معظم التعريفات تتعلق بجانب من جوانب التجـارة الإلكترونيـة؛ مثـل تعريـف رسالة البيانات والعقود الإلكترونية والاتصال التجاري والسجل الإلكتروني.. وغيرها.

فبالنسبة لنموذج قانون لجنة الأمم المتحدة للقـانون التجـاري الـدولي (الأونسـيترال) بشـأن التجارة الإلكترونية[(١)]. مع أن هذا القانون يتعلق بالتجارة الإلكترونية إلا أنه لم يضـع تعريفًـا محـددًا لها، ولكن من خلال بعض نصوص ذلك القانون يمكن الإلمام بالمقصـود بالتجـارة الإلكترونيـة فالمـادة الأولى والخاصة بنطاق التطبيق، تحدد نطاق تطبيق القانون على أي نـوع مـن المعلومـات يكـون في شـكل رسـالة بيانـات مسـتخدمة في سـياق أنشـطة تجاريـة، وفي المـادة الثانيـة الخاصـة بتعريـف مصطلحات القانون عرفت الفقـرة الأولى رسـالة البيانـات بأنهـا "المعلومـات التـي يـتم إنشـاؤها أو إرسالها أو استلامها أو تخزينها بوسائل

(١) اعتمدت لجنة الأمم المتحدة للقانون التجاري الدولي نموذج القانون في دورتها التاسعة والعشرين وأوصـت بـه الجمعيـة العامة للأمـم المتحـدة في قرارهـا الـذي اتخذتـه في الجلسـة العامـة (٨٥) في ١٦ كـانون الأول عـام ١٩٩٦م - انظـر قـرار الجمعية العامة ونصوص نموذج القانون على موقع الأونسيترال على شبكة الإنترنت على العنوان:
http://www. uncitral. org/uncitral/ar/uncitral-texts/electronic-commerce. html

الإلكترونية أو ضوئية أو بوسائل مشابهة، بما في ذلك على سبيل المثال لا الحصر- تبادل البيانات الإلكترونية أو البريد الإلكتروني أو البرق أو التلكس أو النسخ البرقي".

ويتضح من تلك المواد أن نموذج قانون الأونسيترال للتجارة الإلكترونية حدد مفهوم التجارة الإلكترونية بطريقة غير مباشرة وذلك بأنها جميع الأعمال التجارية[١] وجميع المسائل الناشئة عنها والتي تنجز أو ترسل أو تستقبل بوسائل الإلكترونية أو بوسائل مشابهة.

والملاحظ أيضًا أن نموذج القانون قد توسع في وسائل الاتصال التي تتم بها التجارة الإلكترونية فذكر عبارة "بوسائل مشابهة" وأيضًا ذكر على سبيل المثال وسائل اتصال إلكترونية حديثة مثل تبادل البيانات الإلكترونية والبريد الإلكتروني، وذكر أيضًا على سبيل المثال وسائل اتصال أقل حداثة مثل التلكس.

إلا أن هذا التوسع له ما يبرره فذكر عبارة "بوسائل مشابهة" يعني وسائل التقنية الحديثة والمعروفة والوسائل الإلكترونية التي قد يكشف عنها المستقبل دون الحاجة لتعديل القانون لاستيعابها[٢] مما يجعل القانون أكثر مرونة، هذا من ناحية، ومن ناحية

(١) جاء في هامش المادة الأولى من نموذج القانون تفسر مصطلح " أنشطة تجارية "بأنه ينبغي تفسيره تفسيراً واسعًا على أن يشمل المسائل الناشئة عن جميع العلاقات ذات الطابع التجاري سواء أكانت تعاقدية أم لم تكن، وبين القانون العلاقات ذات الطابع التجاري على سبيل المثال لا الحصر بأنها: المعاملات التجارية لتوريد أو تبادل السلع أو الخدمات، إتفاق التوزيع، التمثيل التجاري أو الوكالة التجارية، الوكالة بالعمولة، الكراء، أعمال التشييد، الخدمات الاستشارية الأعمال الهندسية، منح التراخيص الاستثمار التمويل الأعمال المصرفية، التأمين إتفاق أو امتياز الاستغلال، المشاريع المشتركة وغيرها من أشكال التعاون الصناعي أو التجاري، نقل البضائع أو الركوب جوا أو بحرًا أو بالسكك الحديدية أو بالطرق البرية.

(٢) انظر دليل تشريع نموذج القانون. منشور على الموقع التالي:
http://www.uncitral.org/uncitral/ar/uncitral-texts/electronic-commerce.html

أخرى فإن ذكر بعض وسائل الاتصال الأقل حداثة له أيضًا ما يبرره ولنفترض مثلا أن نموذج القانون اقتصر على وسائل الاتصال الحديثة فقط مثل تبادل البيانات الإلكتروني أو البريد الإلكتروني، فإن هذا يعني عدم اعتراف القانون بوسائل الاتصال الأقل حداثة لإتمام التجارة الإلكترونية والتي قد تشترك مع وسائل الاتصال الحديثة في إتمام تلك التجارة، فهناك الآن نوع من التداخل والترابط بين وسائل الاتصال الحديثة ووسائل الاتصال الأقل حداثة فقد تعد المعاملات وترسل من خلال وسائل حديثة وتستقبل بواسطة وسائل أقل حداثة، فعلى سبيل المثال من الممكن الآن إعداد المعاملة بواسطة الحاسب الآلي وإرسالها من خلال شبكة الإنترنت واستقبالها بواسطة التلكس أو العكس إرسالها عن طريق التلكس واستقبالها عن طريق الحاسب الآلي(1).

هذا بالنسبة لنموذج قانون الأونسيترال للتجارة الإلكترونية أما بالنسبة للاتحاد الأوروبي، فلم يرد في وثائقه أي تعريف محدد للتجارة الإلكترونية وإنما كانت هناك بعض التعريفات لوسائل التجارة الإلكترونية، منها على سبيل المثال تعريف الاتصال التجاري الذي ورد في التوجيه الصادر عن البرلمان والمجلس الأوروبي رقم٢٠٠٠ /٣١ في ٨ يونيه ٢٠٠٠ والذي يتعلق بالتجارة الإلكترونية(2) حيث عرفت الفقرة السادسة في

---

(١) وذلك من خلال استخدام التلكس الإلكتروني e-telex لاستخدام هذه التقنية أو لمزيد من التفصيل انظر الموقع التالي على شبكة الإنترنت:

http://www.telex-net.com/bureau/

(٢) (f) "commercial communication": any form of communication designed to promote, directly or indirectly, the goods, services or image of a company, organization or person pursuing a commercial, industrial or craft activity or exercising a regulated profession..."

Directive ٢٠٠٠/٣١/EC of the European Parliament and of the Council of ٨ June ٢٠٠٠
on certain legal aspects of information society services, in particular electronic commerce, in the Internal Market (Directive on electronic commerce) =

=الجريدة الرسمية العدد ١٧٨في ٢/٧/١٧... صفحة١- ١٦ومنشورة على شبكة للإنترنت على العنوان التالي:

http://eur-lex.europa.eu/LexUriServ/LexUriServ.do?uri=CELEX:٣٢٠٠٠L٠٠٣١:EN:NOT

المادة الثانية الاتصال التجاري بأنه أي شكل اتصال صمم لترويج بصورة مباشرة أو غير مباشرة بضائع أو خدمات أو صورة شركة أو منظمة أو شخص يمارس نشاطًا تجاريًا أو صناعيًا أو نشاطًا حرفيًا أو ممارسة مهنة منظمة، وحث التوجيه أيضًا الدول الأعضاء بالاتحاد الأوروبي على الاعتراف بالعقود الإلكترونية[1] وعدم رفضها أو وضع العقبات أمامها لمجرد أنها أنجزت بوسائل إلكترونية.

أما التشريعات الوطنية التي تتعلق بالتجارة الإلكترونية فمعظمها لم تتضمن تعريفًا محددًا للتجارة الإلكترونية واكتفت بتعريف بعض وسائلها فلم يتضمن قانون النمسا الاتحادي للتجارة الإلكترونية أي تعريف محدد لها واكتفى بتعريف الاتصال التجاري[2] كذلك الأمر بالنسبة للقانون الفلبيني للتجارة الإلكترونية والذي اكتفى أيضًا بتعريف بعض وسائل التجارة الإلكترونية، حيث عرفت المادة الخامسة في

(١) راجع المادة ٩ الفقرة الأولى من ذات التوجيه سابق الذكر.

(٢) حيث نصت المادة الأولى في الفقرة السادسة على:

"commercial communication" shall mean advertising and other forms of communication designed to promote, directly or indirectly, the sale of goods and services or the image of a company, except:

a) information allowing direct access to the activity of the company, e.g. a domain name or an electronic-mail address; as well as

b) information relating to the goods, services or image of a company, compiled in an independent manner, particularly when this is without financial consideration".

Federal Act with which certain legal aspects of electronic commercial and legal transactions are to be regulated (E-Commerce Act). Available at:

http://www. ris. bka. gv. at/erv/erv-٢٠٠١-١-١٥٢. pdf

فقرتها الثالثة رسالة البيانات بأنها المعلومات التي تنشأ أو ترسل أو تستقبل أو تخزن بوسائل إلكترونية أو ضوئية أو بوسائل مشابهة[١].

وأيضًا لم يتضمن قانون التجارة الإلكترونية لجمهورية إيرلندا أي تعريف للتجارة الإلكترونية واكتفى بتعريف بعض وسائلها مثل العقد الإلكتروني والذي عرفته المادة الثانية بأنه العقد الذي أنجز كليًا أو جزئيًا بأي وسيلة اتصال إلكتروني[٢].

أما بالنسبة للتشريعات العربية في مجال التجارة الإلكترونية، فلقد عرف قانون المبادلات والتجارة الإلكترونية التونسي[٣] وذلك من خلال المادة الثانية التجارة الإلكترونية بأنها "العمليات التجارية التي تتم عبر المبادلات الإلكترونية" وعرف المبادلات الإلكترونية بأنها "المبادلات التي تتم باستعمال الوثائق الإلكترونية".

وكذلك عرف قانون المعاملات والتجارة الإلكترونية رقم(٢) لسنة ٢٠٠٢م[٤] لأمارة دبي التجارة الإلكترونية بشكل مشابه لتعريف قانون المبادلات والتجارة الإلكترونية التونسي- حيث عرفتها المادة الثانية بأنها "المعاملات التجارية

---

(١) "Electronic Data message" refers to information generated, sent, received or stored by electronic, optical or similar means. Philippines Electronic Commerce Act Available at:

http://www. digitalfilipino. com/writing-article. cfm?id=٢.

(٢) "electronic contract" means a contract concluded wholly or partly by means of an electronic communication; ELECTRONIC COMMERCE ACT, ٢٠٠٠ Available at:

http://www. post. trust. ie/reposit/act٢٧-٠٠ pdf

(٣) قانون المبادلات والتجارة الإلكتروني التونسي منشور بالرائد الرسمي للجمهورية عدد ٦٤ ص ٢٠٨٣ بتاريخ ١١/ أغسطس/٢٠٠٠م ومنشور على موقع الجريدة على شبكة الإنترنت على العنوان التالي:

http://www. infocom. tn/fileadmin/Documentation/Juridiques/Jort-Ar/jort-٦٤-١١-٨-٢٠٠ pdf

(٤) صدر هذا القانون في دبي بتاريخ ١٢/فبراير ٢٠٠٢م. ومنشور على شبكة الإنترنت على العنوان التالي:

http://www. emasc. com/content. asp?contentid=١٦٤

التي تتم بواسطة المراسلات الإلكترونية ".أما بخصوص القانون البحريني بشأن المعاملات الإلكترونية[1] وقانون المعاملات الإلكترونية الأردني رقم ٨٥ لسنة ٢٠٠١م. فلم يتطرق أيٌّ من القانونين لتعريف التجارة الإلكترونية حيث اكتفى القانون البحريني للمعاملات الإلكترونية بتعريف بعض وسائل التجارة الإلكترونية مثل تعريف السجل الإلكتروني ونظم المعلومات[2] وغيرها من وسائل التجارة الإلكترونية.

وكذلك الأمر بالنسبة لقانون المعاملات الإلكترونية الأردني والذي اكتفى بتعريف المعاملات الإلكترونية حيث عرفتها المادة الثانية بأنها "المعاملات التي تنفذ بوسائل إلكترونية".

ولقد وردت بعض التعريفات للتجارة الإلكترونية في بعض المؤلفات التي تتناول موضوع التجارة الإلكترونية فعرفها البعض[3] بأنها "العملية التي تتم بين طرفين - بائع ومشتري أو أكثر عن طريق استخدام الكمبيوتر عبر شبكة الإنترنت".

فالتجارة الإلكترونية بناء على ذلك تتم بين بائع ومشترٍ؛ أي لا تشمل جميع الأنشطة التجارية الأخرى أو الأعمال المرتبطة بها، هذا من ناحية، ومن ناحية

---

(١) صدر في دولة البحرين بتاريخ ١٤ سبتمبر ٢٠٠٢م ومنشور على شبكة الإنترنت على العنوان التالي:
http://www.arablaw.org/Download/EC-Bahrain.doc
(٢) حيث عرفت المادة الأولى السجل الإلكتروني بأنه: "السجل الذي يتم إنشاؤه أو إرساله أو تسلمه أو بثه أو حفظه بوسيلة إلكترونية". ونظام المعلومات بأنه: "نظام إلكتروني لإنشاء أو إرسال أو بث أو تسلم أو حفظ أو عرض أو تقديم المعلومات".
(٣) د. هدى حامد قشقوش - الحماية الجنائية. للتجارة الإلكترونية عبر الإنترنت - دار النهضة -٢٠٠٠ ص ٥.

أخرى لا تشمل جميع أنواع العقود التجارية مثل عقد الإيجار وغيره، بل تقتصر على عقد البيع وأيضًا لا تتم إلا بواسطة جهاز الحاسب الآلي، ولا تتم سوى بوسيلة اتصال واحدة هي شبكة الإنترنت.

والملاحظ على هذا التعريف أنه حصر الأعمال التجارية بعقد البيع فقط، وأيضًا حصر الوسائل الإلكترونية بالحاسب الآلي وشبكة الإنترنت متجاهلا الوسائل الإلكترونية الأخرى والتي قد تتم بها التجارة الإلكترونية مثل الفاكس الإلكتروني والتلكس الإلكتروني وشبكات الحاسب الآلي الأخرى.

وعرفها البعض(1) الآخر بأنها "الأنشطة التجارية التي تتم أو تجرى باستخدام بث المعلومات الإلكترونية عبر الإنترنت أو شبكة ويب العالمية {www} world wide weld".

مع أنني أتفق مع هذا الرأي في كون التجارة الإلكترونية هي جميع الأنشطة التجارية، ولكنني أختلف معه في حصر وسيلة الاتصال بين الأطراف بشبكة الإنترنت وتجاهل وسائل الاتصال الأخرى.

وعرفها البعض(2) الآخر بأنها "كل معاملة تجارية تتم عن بعد باستعمال وسيلة إلكترونية، وذلك حتى تمام العقد".

مع أنني أتفق مع هذا الرأي في عدم حصر الوسائل الإلكترونية بوسيلة واحدة، إلا أنني أختلف معه من حيث حصر المعاملات التجارية بالمعاملات التي

---

(1) د. طارق عبد العال حماد – التجارة الإلكترونية – الدار الجامعية ٢٠٠٣ -٢٠٠٢ ص ١٠.

(2) د. عبد الفتاح بيومي حجازي – النظام القانوني لحماية التجارة الإلكترونية – الكتاب الأول – دار الفكر الجامعي – ٢٠٠٢- ص ٤٩

تتم عن بعد هذا من ناحية، ومن ناحية أخرى حصر المعاملات التجارية بالعقود وهو المستفاد من الجملة الأخيرة من التعريف "وذلك حتى تمام العقد"، فالتجارة الإلكترونية قد تتم عن بعد بين غائبين، وقد تتم بين حاضرين في الزمان والمكان، كأن يجتمع أطراف المعاملة التجارية في مجلس واحد وتنجز المعاملة باستخدام الوسائل الإلكترونية مثل الحاسب الآلي وتخزن على قرص ممغنط وتسلم لأطرافها على هذا الشكل، والمعاملات التجارية كما أنها تشمل العقود تشمل الأنشطة التجارية الأخرى مثل الأوراق التجارية ولا يجب حصرها في العقود فقط.

ومن خلال العرض السابق لبعض التعريفات المختلفة للتجارة الإلكترونية يمكنني التوصل لتعريف مناسب لها يحيط بجميع جوانبها المختلفة فيمكن تعريفها بأنها إنشاء أو إرسال أو استقبال المعاملات التجارية باستخدام وسائل إلكترونية أو وسائل مشابهة.

فمن خلال هذا التعريف يتضح أن مجرد إنشاء المعاملة باستخدام الوسائل الإلكترونية يعد تجارة إلكترونية دون الحاجة لإرسالها أو استقبالها بواسطة تلك الوسائل كما يتبادر للذهن عند سماع مصطلح تجارة إلكترونية بأنه يجب إنشاء وإرسال واستقبال المعاملة التجارية بواسطة الوسائل الإلكترونية حتى تعد تجارة إلكترونية، فمن الممكن إنشاء المعاملة التجارية باستخدام الحاسب الآلي وتخزينها على قرص ممغنط وإرسالها واستقبلها بواسطة الطرق التقليدية كأن ترسل عن طريق ساع وتسلم باليد، فهذا يعد تجارة إلكترونية، وأيضا قد يمارس التاجر تجارته بوسائل إلكترونية دون الحاجة لإرسال واستقبال معاملاته التجارية بوسائل إلكترونية ويعد تجارة إلكترونية أيضًا، كأن يدخل التاجر أمر طلبيه لعميل ما في حاسبه الآلي، ومن ثم يستخرج فاتورة إلكترونية وقيدًا يوميًا إلكترونيًا جديدًا في

دفتر الأستاذ العام، ويرسل تلك الفاتورة للعميل بالطرق التقليدية فهو بهذا قد استخدم الوسائل الإلكترونية في أعماله التجارية مما يعد تجارة إلكترونية.

وأيضًا قد يحدث أن تعد المعاملة التجارية بالطرق التقليدية بخط اليد أو باستخدام الآلة الكاتبة، ومن ثم ترسل وتستقبل باستخدام الوسائل الإلكترونية وتعد تجارة إلكترونية. ويتم ذلك بإدخال تلك المعاملة في الحاسب الآلي باستخدام الماسح الضوئي مثلا وإرسالها عبر شبكة الإنترنت أو أي شبكة حاسب آلي أخرى واستقبالها عن طريق الحاسب الآلي أو الفاكس أو التلكس.

وهكذا فإن مجرد إنشاء المعاملة التجارية بوسائل إلكترونية أو إرسالها أو استقبالها بتلك الوسائل يعد تجارة إلكترونية. وهذا التعريف لا يقتصر على طائفة معينة من المعاملات التجارية مثل العقود فقط بل يمتد ليشمل جميع المعاملات التجارية سواء كانت معاملات تجارية بطبيعتها أو بالنسبة لأحد أطرافها وأيضًا يتسع ليشمل التقنيات المتاحة حاليًا وتلك التي قد يكشف عنها المستقبل في إتمام المعاملات التجارية.

ومصطلح "التجارة الإلكترونية" أعم وأشمل من مصطلح "التجارة الإلكترونية عبر الإنترنت" فالمصطلح الأول يتسع ليشمل جميع وسائل الاتصال المتاحة أما المصطلح الثاني فتقتصر وسيلة الاتصال بين الأطراف على شبكة الإنترنت[1]. ويمكن تعريف التجارة الإلكترونية عبر الإنترنت بأنها إنجاز المعاملات التجارية

(١) سميس مارك بيكر، مارك كومسون. ترجمة د. خالد العميري - التجارة الإلكترونية دار الفاروق للنشر والتوزيع - الطبعة الأولى - ٢٠٠٠م ص٧٥-٧٧ ويذهب المؤلفان إلى أن العالم اعتاد على استخدام اللفظين بطريقة تبادلية على أن التجارة الإلكترونية عبر الإنترنت هي جزء من التجارة الإلكترونية وأن التجارة الإلكترونية "هي عمل تجاري يتم على وجه القصر من خلال تنسيق إلكتروني على الإنترنت وضرورة التفريق بين المصطلحين هنا تساعد على الحفاظ على الأشياء في ترتيب سليم.

باستخدام الوسائل الإلكترونية عبر شبكة الإنترنت كليًا أو جزئيًا. ومصطلح المعاملات التجارية يتسع ليشمل جميع المعاملات التي تتعلق بالأنشطة التجارية وأيضًا مصطلح الوسائل الإلكترونية يتسع ليشمل جميع التقنيات المتاحة في إنشاء واستقبال المعاملة التجارية مثل الحاسب الآلي، أما وسيلة الاتصال بين أطراف المعاملة فتقتصر على شبكة الإنترنت بشكل كلي أو جزئي، كأن تعد المعاملة التجارية بواسطة الحاسب الآلي وترسل عبر شبكة الإنترنت، ومن ثم تستقبل عن طريق إحدى شبكات التلكس ويعاد إرسالها عبر تلك الشبكة إلى جهاز التلكس الخاص بالطرف الآخر، ومن الممكن أيضًا إعداد المعاملة بواسطة الحاسب الآلي وإرسالها عبر شبكة الإنترنت واستلامها عن طريق إحدى مكاتب التلغراف[1] وإعادة طباعتها وإرسالها ثانيةً إلى الطرف الآخر على عنوانه بواسطة اليد ويكون دور شبكة الإنترنت في كلا المثالين جزئيا في إرسال المعاملة التجارية.

(١) مثل e-telegram لمزيد من التفصيل انظر الموقع التالي: http://www.l-mail.com/

المطلب الثاني

مزايا ومشكلات التجارة الإلكترونية

مقومات التجارة الإلكترونية هي ذاتها مقومات المعاملات الإلكترونية باعتبارها جزءً منها؛ لذا فهي تستخدم الوسائل الإلكترونية من أجهزة وبرمجيات وشبكات اتصال. وتتكون الأجهزة من أجهزة الحاسب الآلي وملحقاتها ومن أجهزة أخرى مثل الفاكس أو التلكس، إلا أن الحاسب الآلي هو الجهاز الرئيسي إن لم يكن الوحيد، أما الشبكات فهي شبكات الحاسب الآلي المحلية والدولية، مثل شبكة الإنترنت، أما البرمجيات فهي عديدة ومتنوعة؛ منها البسيطة، ومنها المعقدة تختلف باختلاف النشاط التجاري، فعلى سبيل المثال هناك أنظمة خاصة بإدارة خدمات العملاء، وتحتوي هذه الأنظمة على برامج عديدة كل برنامج يهدف لتنفيذ مهمة معينة؛ مثل برنامج خاص يتلقى أوامر الطلبيات وبرنامج آخر يوفر معلومات عن المنتجات والخدمات. وكذلك أنظمة أخرى خاصة بإدارة عمليات التوريد حيث تحتوي هذه الأنظمة على برامج عديدة تتحكم بجميع عمليات التوريد من بداية إنتاج المواد الأساسية حتى تسليم المنتج النهائي، وأيضا هناك أنظمة خاصة بإدارة عمليات الدفع الإلكتروني وتسديد ثمن السلع والخدمات.

أما بالنسبة لأطراف التجارة الإلكترونية فقد تكون المؤسسات التجارية بين بعضها البعض حيث تقوم هذه المؤسسات بتبادل السلع والخدمات فيما بينها ويطلق عليها مصطلح Business To Business (B٢B) أو بين مؤسسة تجارية ومستهلك ويطلق عليها مصطلح Business To Consumer (B٢C)، أو بين قطاع حكومي ومستهلك ويطلق عليها مصطلح(Government To Consumer (G٢C أو

بـين قطاعـات حكوميـة وبـين مؤسسـات تجاريـة ويطلـق عليهـا مصـطلح
Government To Business (G٢B).

أما عن الأنشطة التجارية التي تمارس عن طريق الإنترنت فهي جميع الأنشطة التجارية التي تقبل طبيعتها إجراءها عبر الإنترنت، مثل عرض البضائع والخدمات عبر الإنترنت، وإجراء البيوع عبر المواقع التجارية للمؤسسات المختلفة، والقيام بأنشطة التوريد والتوزيع والوكالة التجارية وممارسة الخدمات المالية وخدمات الطيران والنقل والشحن وغيرها من الأنشطة التجارية.

واستخدام الوسائل الإلكترونية للقيام بالأنشطة التجارية يحقق بعض المزايا الحسنة وفي الوقت ذاته يسبب بعض المشكلات أوضح أهمها فيما يلي:

أ- مزايا التجارة الإلكترونية:

١- تخفيض التكاليف: تساهم التجارة الإلكترونية بتخفيض التكاليف في عدة مجالات منها التخفيض في المرتبات نتيجة تخفيض عدد الموظفين والتخفيض في مصاريف الاتصالات والشحن والأوراق [1] وغيرها من المصاريف الأخرى.

٢- السرعة في إنجاز المعاملات وخدمة العملاء حيث أن معظم مواقع التجارة الإلكترونية على شبكة الإنترنت توفر خدماتها للعملاء ٢٤ ساعة في اليوم وسبعة أيام في الأسبوع.

٣- وكذلك تؤدى ممارسة التجارة من خلال شبكة الإنترنت إلى تغطية منطقة جغرافيا أكبر بالنسبة للمؤسسة التجارية حيث يستطيع أي فرد أيًا كان موقعة

---

(١) د. خالـد إبـراهيم - إبـرام العقـد الإلكـتروني - دراسـة مقارنـة - دار الفكـر الجـامعي - ٢٠٠٦ ص ٤٢.

التعامل مع موقع المؤسسة الإلكتروني على شبكة الإنترنت مما يحقق للمؤسسة عدد زبائن أكثر وربح اكبر.

٤- سهولة الحصول على المعلومات سواء للعاملين بالتجارة الإلكترونية أو المنتفعين منها، حيث يتمكن العاملين بالتجارة الإلكترونية من جمع المعلومات عن سير العمل واتخاذ القرارات المناسبة في الوقت المناسب وكذلك جمع المعلومات عن حاجة المستهلكين وعن الشركات المنافسة بسهولة ويسر. وكذلك يتمكن المنتفعون أو المستهلكون من جمع المعلومات عن منتج معين حيث يستطيع المستهلك من خلال جهاز الحاسب الآلي التنقل بين جميع المواقع التجارية على شبكة الإنترنت وجمع المعلومات عن منتج معين والمقارنة بينها من حيث الجودة والسعر، بينما كان يتطلب الأمر في السابق - بالتجارة التقليدية - التنقل بين هذه المتاجر والتي غالبًا ما تكون موجودة في مناطق مختلفة، مما يؤدي إلى بذل مشقة وجهد أكبر.

٥- وكذلك يؤدي استخدام التجارة الإلكترونية إلى زيادة الإنتاج حيث تصل منتجات الشركة أو المؤسسة التجارية إلى أسواق جديدة وزبائن جدد، مما يؤدي إلى زيادة في الاستهلاك الأمر الذي يستتبع ضرورة زيادة الإنتاج، هذا من ناحية، ومن ناحية أخرى تعمل الشركات التي تستخدم الوسائل الإلكترونية للقيام بأعمالها إلى العمل المتواصل على تطوير وتحديث الوسائل الإلكترونية المستخدمة وأهمها تطوير الأنظمة مما يؤدي إلى التقدم العلمي المستمر في تلك الوسائل.

ب - مشكلات التجارة الإلكترونية:

١- آمن المعلومات:

بالرغم من الانتشار الكبير وتزايد استخدم الوسائل الإلكترونية لتنفيذ الأنشطة التجارية إلا أن مسألة الأمن والثقة تقف كحجر عثرة في طريق التجارة الإلكترونية فتزايد عمليات الاحتيال وسرقة الأرقام الخاصة ببطاقات الائتمان واختراق المواقع على شبكة الإنترنت وغيرها من الجرائم[١] التي تحدث بواسطة الوسائل الإلكترونية وتستهدف المواقع التجارية والمعلومات الأخرى التي تستخدم شبكة الإنترنت كوسيلة لانتقالها. أدت إلى عدم ثقة بعض العاملين بالتجارة باستخدام الوسائل الإلكترونية كوسيلة للقيام بأعمالهم، فبالرغم من التطور في مجال تكنولوجيا الحاسبات الآلية والبرمجيات إلا أن هذا التطور يوازيه تطور آخر في مجال الاحتيال باستخدام الوسائل الإلكترونية، وفي الواقع العملي فإن معظم الأشخاص الذين يستخدمون الوسائل الإلكترونية لأغراض غير مشروعة يكونون في أغلب الأحيان أشخاصًا ذوي خبرة في مجال التقنية.

٢- القانون الواجب التطبيق:

لا يكون هناك أي صعوبة عندما تكون المعاملة الإلكترونية معاملة وطنية وتنتمي في جميع عناصرها لدولة معينة، حيث يطبق قانون تلك الدولة، ولكن شبكة الإنترنت شبكة دولية، وهذا يرتب أن معظم المعاملات ترتبط بأكثر من دولة مما يثير مشكلة تنازع القوانين والبحث عن القانون الواجب التطبيق.

---

(١) لمزيد من التفصيل. راجع. د. أحمد خليفة الملط - الجرائم المعلوماتية - دار الفكر الجامعي - ٢٠٠٥.

فعلى سبيل المثال أي موقع تجاري على شبكة الإنترنت هو موقع مفتوح للمستهلكين من جميع دول العالم. وأن أي مستهلك في أي دولة في العالم يشتري من هذا الموقع يكون قد أبرم عقدًا مع هذا الموقع يأخذ الطابع الدولي وأن أي نزاع يثار بخصوص هذا العقد يجلب معه مشكلات قانونية من أهمها تحديد القانون الواجب التطبيق والمحكمة المختصة بنظر النزاع.

٣- الإثبات:

يعتبر الإثبات من أهم المشكلات التي يثيرها استخدام الوسائل الإلكترونية في إبرام المعاملات وخاصة فيما يتعلق بالكتابة إذا اشترط القانون وجوب الإثبات بالكتابة مثل المعاملات المدنية التي تتجاوز قيمتها مبالغًا معينة والعقود التي يتطلب القانون لها شكل معين فتبرز المشكلة هنا سيما أن معظم المعاملات الإلكترونية عبر الإنترنت معاملات تتم على دعامة إلكترونية، ومن الممكن التعديل والحذف عليها دون ترك أثر.

٤- مشكلة إسناد الرسائل الإلكترونية.

إن بعض المعاملات الإلكترونية يتم إبرامها عن طريق تبادل الرسائل الإلكترونية عبر الإنترنت، ومن المشكلات التي يثيرها استخدام شبكة الإنترنت أنه قد ينكر أحد الأطراف أنه هو من أرسل الرسالة الإلكترونية للطرف الآخر. فعند استخدام الوسائل التقليدية من الممكن إنكار التوقيع أو الإدعاء بأن التوقيع مزور. ولكن عند استخدام الوسائل الإلكترونية قد يدعي أحد الإطراف أنه لم يرسل الرسالة الإلكترونية للطرف الآخر. عندها يثور التساؤل كيف يمكن إسناد الرسالة الإلكترونية إلى طرف ما ؟

تناولت بعض قوانين المعاملات الإلكترونية حل هذه المشكلة، وذلك بإقامة افتراض بأن الرسالة الإلكترونية، في ظروف معينة، تعتبر قد أرسلت من المرسل بصرف النظر إن كان هـو مـن أرسلها أو أرسلت من قبل طرف آخر، ونذكر من تلك القوانين[1] قانون أمارة دبي الخاص بالمعاملات والتجارة الإلكترونية حيث نصت المادة (٨) على أنه:

"(١) تعتبر الرسالة الإلكترونية صادرة عن المنشئ إذا كان المنشئ هو الذي أصدرها بنفسه.

(٢) في العلاقة بين المنشئ والمرسل إليه، تعتبر الرسالة الإلكترونية أنها صادرة عن المنشئ إذا أرسلت:

(أ) من شخص له صلاحية التصرف نيابة عن المنشئ فيما يتعلق بالرسالة الإلكترونية، أو.

(ب) من نظام معلومات مؤتمت ومبرمج للعمل تلقائياً من قبل المنشئ أو نيابة عنه.

(٣) في العلاقة بين المنشئ والمرسل إليه، يحق للمرسل إليه إن يعتبر الرسالة الإلكترونية قد صدرت عن المنشئ، وان يتصرف على أساس هذا الافتراض، إذا:

(أ) طبق المرسل إليه تطبيقاً سليماً، إجراء سبق إن وافق عليه المنشئ من أجل التأكـد مـن أن الرسالة الإلكترونية قد صدرت عن المنشئ لهذا الغرض، أو

---

(١) وانظر أيضًا نص المـادة ١٥ مـن قانون المعاملات الإلكترونيـة الأردني . ونـص المـادة ١٣ مـن قانون التجارة الإلكترونية البحريني

(ب) كانت الرسالة الإلكترونية، كما تسلمها المرسل إليه، ناتجة عـن تصرفات شـخص تمكـن بحكم علاقته بالمنشئ أو بأي وكيل للمنشئ من الوصول إلى طريقة يستخدمها المنشئ لإثبات إن الرسالة الإلكترونية صادرة عنه".

٥- مشكلة أصل المستندات:

قد يتطلب القانون تقديم النسخة الأصلية للمعاملة، وفي المعاملات الإلكترونية لا يوجد نسخة أصلية، لأن الطرف الذي ترسل إليه الرسالة الإلكترونية يستلم دائما نسخة عنها، ولكـن يمكن حل هذه المشكلة متى ما توافرت في الرسالة الإلكترونية الشروط الواجب توافرها بالنسخة الأصلية. مثل حفظ المعلومات منذ الوقت الذي أنشأت فيه للمرة الأولى دون تعـديل، إلا إن تحقـق هـذا الشرط في الرسالة الإلكترونية يتطلب وجود تقنية يمكن الوثوق بها في حفـظ المعلومـات الـواردة في الرسالة الإلكترونية منذ الوقت الذي أنشأت فيه للمرة الأولى دون تعديل.

وفي هذا الصدد، فان بعض قوانين المعاملات الإلكترونية قد تناولت حل هذه المشكلة حيث حددت شروط معينة يجب توافرها مجتمعة في الرسالة الإلكترونية حتى تكون لها صفة النسخة الأصلية، ونذكر من تلك القوانين، قانون المعاملات الإلكترونيـة الأردني حيـث نصت المـادة (٨) عـلى أنه:

"أ. يستمد السجل الإلكتروني أثره القانوني ويكون له صفة النسخة الأصلية إذا توافرت فيه مجتمعة الشروط التالية:

١. إن تكون المعلومات الواردة في ذلك السجل قابلة للاحتفاظ بها وتخزينها بحيـث يمكـن، في أي وقت، الرجوع إليها.

٢. أمكانية الاحتفاظ بالسجل الإلكتروني بالشكل الذي تم به إنشاؤه أو إرساله أو تسلمه أو بأي شكل يسهل به إثبات دقة المعلومات التي وردت فيه عند إنشائه أو إرساله أو تسلمه.

٣. دلالة المعلومات الواردة في السجل على من ينشاه أو يتسلمه وتاريخ ووقت إرساله وتسلمه.

ب. لا تطبق الشروط الواردة في الفقرة (أ) من هذه المادة على المعلومات المرافقة للسجل التي يكون القصد منها تسهيل إرساله وتسلمه.

ج. يجوز للمنشئ أو المرسل إليه إثبات الشروط الواردة في الفقرة (أ) من هذه المادة بواسطة الغير."

الفصل الأول

إثبات العقود التي تتم
عبر الإنترنت

الفصل الأول
أثبات العقود التي تتم عبر الانترنت

تمهيد وتقسيم:

إن الإثبات المقصود في هذه الدراسة هو الإثبات القضائي والذي يتم عن طريق إقامة الدليل أمام القضاء بالطرق المحددة في القانون على صحة واقعة متنازع عليها يترتب على ثبوتها آثار قانونية[1].

والإثبات ينصب على صحة الواقعة القانونية مصدر الحق ولا ينصب على الحق المتنازع عليه،وهذه الواقعة قد تكون تصرفًا قانونيًا كعقد البيع مثلا أو قد تكون واقعة مادية مثل العمل غير المشروع والذي يلزم فاعله بالتعويض.

ويجب أن يكون الإثبات بالطرق القانونية التي يحددها القانون، فالقانون يحدد طرق الإثبات المختلفة، ويوضح طريقة تقديمها، وهذا التحديد ملزم للخصوم، ولا يكاد يخلو أي تشريع لأي دولة من قانون خاص للإثبات وهذه التشريعات قد تكتفي برسم إجراءات تقديم الأدلة إلى القضاء تاركة ما يعتبر من الأدلة ووزن قوة كل منها في الإثبات إلى سلطة القاضي التقديرية أو قد تنظم الإثبات بأن تحدد الأدلة المقبولة للإثبات وتحدد بدقة قوة كل منها ولا يسمح للخصوم بأن يقدموا

---

(١) د. محمد لبيب شنب - دروس في الإثبات - دار النهضة العربية - ١٩٨٥ ص ٥.

غيرها لإثبات حقوقهم ويلزم القاضي بالوقوف موقف الحياد المطلق من الإثبات[1].

وتسمى الصورة الأولى من صور تنظيم الإثبات بالإثبات الحر أو المطلق والثانية تسمى بالإثبات المقيد أو القانوني، ولكن أكثر التشريعات الحديثة تتبع في تنظيم الإثبات مسلكًا وسطًا بين الصورتين السابقتين وهي صورة الإثبات المختلط.

وهكذا تتجلى أهمية الإثبات وأن الحق من غير دليل هو حق ضائع، والكثيرون خسروا حقوقهم لعدم قدرتهم على إقامة الدليل عليها وإثباتها[2].

ومعظم التشريعات الخاصة بتنظيم الإثبات تشترط وجوب تقديم دليل كتابي في بعض المعاملات مثل المعاملات المدنية التي تتجاوز قيمتها مبلغًا معينًا. والدليل الكتابي هنا يجب أن يحتوي على شروط معينة حتى يعتد به كدليل مثل أن يكون مقروءًا، وأن يمتاز بالثبات، وأن لا يمكن تعديله أو شطب شيء من محتواه دون ترك أثر، هذا من ناحية، ومن ناحية أخرى حتى يكتمل الدليل الكتابي ويصبح دليلا كاملا يشترط التوقيع عليه من أطرافه. وأيضًا من الشروط الواجبة توافرها في التوقيع أن يدل على صاحبه ويميزه عن غيره من الأشخاص، وأن يكون مقروءًا ويتصف بالثبات، وأن يتصل بالدليل الكتابي اتصالاً ماديًا بشكل لا يمكن فصله عنه، فهل تتحقق هذه الشروط في التوقيع الإلكتروني؟ وهل تتحقق الشروط الواجب توافرها في الكتابة التي تقع على وسيط مادي في الكتابة التي تقع على وسيط إلكتروني؟.

---

(١) د. مفلح عواد القضاة - البينات في المواد المدنية والتجارية - دار الثقافة - الطبعة الثانية ١٩٩٤ ص٢١.

(٢) د. محمد لبيب شنب - دروس في الإثبات - مرجع سابق ص ٦.

ونحن نتولى في هذا القسم توضيح الشروط اللازمة لإنشاء الدليل الكتابي ومدى توافرها في المحررات الإلكترونية، ثم نوضح الشروط الواجب توافرها في التوقيع ومدى توافرها في التوقيع الإلكتروني للوصول إلى دليل كتابي كامل. ومن ثم نتناول حجية المحررات الإلكترونية في الإثبات. وذلك من خلال تقسيم هذا الفصل إلى ثلاثة مباحث على النحو التالي:

١- المبحث الأول: الشروط الواجب توافرها في المحرر الكتابي ومدى توافرها في المحرر الإلكتروني.

٢- المبحث الثاني: الشروط الواجب توافرها في التوقيع ومدى توافرها في التوقيع الإلكتروني.

٣- المبحث الثالث: حجية المحررات الإلكترونية في الإثبات.

المبحث الأول

الشروط الواجب توافرها في المحرر الكتابي

ومدى توافرها في المحرر الإلكتروني

تعتبر الكتابة من أهم وسائل الإثبات ولها حجية قانونية لا يضاهيها بها باقي وسائل الإثبات، ولأهمية هذا النوع من أنواع وسائل الإثبات سوف أحدد في البداية بعض المفاهيم الأساسية والمرتبطة بالموضوع مثل المقصود بالكتابة والمقصود بالوسيط المادي.

أ- مفهوم الكتابة:

الكتابة هي مجموعة الرموز المرئية التي تعبر عن أفكار وأقوال تتبع لغة معينة[(١)]. ولا تشترط معظم القوانين والتشريعات ضرورة كون الكتابة بلغة معينة لاعتبارها دليل كتابي بل يستوي أن تكون بأي لغة طالما كان بالإمكان ترجمة تلك اللغة عن طريق أشخاص أو عن طريق جهاز معين، وبناءً على هذا فأن لغة الحاسب الآلي (٠,١) تعتبر من اللغات التي من الممكن استخدام رموزها للكتابة

---

(١) انظر: د. أسامة أحمد شوقي المليجي - استخدام مستخرجات التقنيات العلمية الحديثة وأثره على قواعد الإثبات المدني، دار النهضة العربية، ٢٠٠٠، ص ٧٩ وما بعدها.

لأنه بالإمكان ترجمتها عن طريق الحاسب الآلي فهي بذلك تصلح لأن تعد وتنظم بها المعاملات المختلفة[١].

ب- مفهوم الوسيط المادي:

الوسيط المادي هو الذي تقع عليه الكتابة وتحفظ بواسطته مثل الورق أو القماش أو المعدن[٢] فهو أي شيء ممكن أن يكتب عليه مع الاحتفاظ بهذه الكتابة لمدة غير قصيرة وأيضًا لم تشترط القوانين الخاصة بالإثبات لمعظم الدول وسيطًا معينًا لا تتم الكتابة إلا عليه ولا يعد الدليل كتابي إذا لم تقع عليه.

فمن الممكن أن تقع الكتابة على أي شيء تقبل طبيعة الكتابة عليه والاحتفاظ بهذه الكتابة، ومن الممكن أيضًا الكتابة على وسيط إلكتروني وبلغة الحاسب الآلي طالما أنه من الممكن ترجمة هذه اللغة إلى إحدى اللغات المعروفة ومن الممكن أيضًا الاحتفاظ بها. ولكن التساؤل الذي يتبادر للذهن هو: هل تعتبر مثل هذه الكتابة دليل كتابي يعترف به القانون ويمنحه الحجية القانونية؟

للإجابة على ذلك يجب استعراض الشروط الواجب توافرها في المحرر الكتابي حتى يقبل كدليل كتابي ومدى توافرها في المحرر الإلكتروني[٣].

---

(١) انظر: د. حسن عبد الباسط جميعي - إثبات التصرفات القانونية التي يتم إبرامها عن طريق الإنترنت - دار النهضة العربية - ٢٠٠٠ ص ٢٠.

(٢) د. عبد العزيز المرسى حمود - مدى حجية المحرر الإلكتروني في الإثبات في المسائل المدنية والتجارية في ضوء قواعد الإثبات النافذة _٢٠٠٥_ بدون ناشر _ ص ٤١

(٣) عرفت الفقرة الثانية (ب) في المادة الأولي من القانون المصري الخاص بتنظيم التوقيع الإلكتروني رقم ١٠ لسنة ٢٠٠٤ المحرر الإلكتروني بأنه "رسالة بيانات تتضمن معلومات تنشأ أو تدمج أو تخزن أو ترسل أو تستقبل كليًا أو جزئيًا بوسيلة إلكترونية أو ضوئية أو بأية وسيلة أخرى مشابهة" وبهذا= =يكون القانون المصري الخاص بالتوقيع الإلكتروني هو الوحيد بين القوانين العربية التي نظمت التوقيع الإلكتروني الذي تعرض بشكل مباشر لتعريف المحرر الإلكتروني.

أوضحت الفقرة الأولى من المادة الأولى من القانون المصري الخاص بتنظيم التوقيع الإلكتروني شرطين يجب توافرهما بالكتابة حتى تقوم بوظيفتها في الإثبات وهما: أن تكون مقروءة وأن تتصف بالثبات وأضافت المادة ٢٨ من قانون الإثبات المصري شرطًا ثالثًا وهو أن الكشط أو المحو أو التحشير على الوسيط المادي يؤدي إلى إسقاط قيمته في الإثبات أو إنقاصها.

ومن خلال ذلك تتضح الشروط الواجب توافرها في الكتابة(١) حتى يعتد بها كدليل إثبات وهي كالتالي:

أولا: ضرورة أن يكون المحرر الكتابي مقروءً وقابل للإدراك:

لقبول المحرر الكتابي كدليل إثبات يجب أن يكون مقروءًا للكافة سواء القاضي أو الشخص المراد الاحتجاج ضده بهذا المحرر.

وهذا الشرط في المحررات الكتابية التقليدية من الممكن تحققه في المحررات الإلكترونية(٢) وذلك على الرغم من أن لغة الكتابة في تلك المحررات والتي تعد بواسطة جهاز الحاسب الآلي هي لغة الآلة إلا أن هذه اللغة من الممكن ترجمتها إلى لغة الإنسان باستخدام جهاز الحاسب الآلي أيضًا وتكون مفهومة ومقروءة ويتوافر بها الشرط السابق.

(١) لمزيد من التفصيل راجع، د. حسن عبد الباسط جميعي - إثبات التصرفات القانونية التي يتم إبرامها عن طريق الإنترنت - مرجع سابق ص ٢٠ وما بعدها.

(٢) د. ممدوح محمد علي مبروك - مدى حجية التوقيع الإلكتروني في الإثبات، دراسة مقارنة بالفقه الإسلامي - ٢٠٠٥ ص ٢٤.

ثانيًا: أن تكون الكتابة ثابتة:

نصت المادة الأولى الفقرة (أ) من قانون التوقيع الإلكتروني المصري على أنه: "... تثبت على دعامات إلكترونية... "، وهذا الشرط يتحقق بالنسبة للدعامات التقليدية مثل الورق والقماش والمعدن وغيرها ولكن هل يتحقق هذا الشرط بالنسبة للدعامات الإلكترونية؟ علمًا بأن الدعامات الإلكترونية في أغلبها هي عبارة عن أقراص ممغنطة شديدة الحساسية للحرارة والرطوبة والتيارات الكهربائية الشديدة[1] وتعرضها للكسر أو الكشط يؤدي إلى عدم إمكانية قراءتها من قبل الحاسب الآلي وتلف وضياع المعلومات التي تحتويها.

وللإجابة على هذا التساؤل نوضح ما يلي:

قدرة الدعامات الإلكترونية للاحتفاظ بالكتابة مدة طويلة أمر منوط ليس بطبيعة هذه الدعامات ولكنه يعتمد على ظروف تخزين وحفظ هذه الدعامات فمتى ما حفظت بطرق سليمة وآمنة استطاعت أن تحقق الشرط السابق وأن تحفظ ما عليها من معلومات لفترة طويلة.

وكذلك الأمر بالنسبة للدعامات التقليدية فمتى ما حفظت بطرق غير مناسبة سوف تتلف؛ لذلك فإن الشرط السابق يتحقق بالنسبة للدعامات الإلكترونية لأن طبيعتها تجعلها قابلة للاحتفاظ بالمعلومات لمدة طويلة طالما حفظت بطريقة سليمة.

---

(١) د. حسن عبد الباسط جميعي - إثبات التصرفات القانونية التي يتم إبرامها عن طريق الإنترنت - مرجع سابق ص ٢١.

ثالثًا: ترك أثر مادي على المحرر الكتابي عند تعديل الكتابة التي عليه أو محاولة الكشط أو المحو أو التحشير:

نصت المادة ٢٨ من قانون الإثبات المصري على أنه "للمحكمة أن تقدر ما يترتب على الكشط والمحو وغير ذلك من العيوب المادية في المحرر من إسقاط قيمته في الإثبات أو إنقاصها وإذا كانت صحة المحرر محل شك في نظر المحكمة جاز لها من تلقاء نفسها أن تدعو الموظف الذي صدر عنه أو الشخص الذي حرره ليبدي ما يوضح حقيقة الأمر فيه".

يتضح من هذا النص أن القيام بالكشط أو الإضافة أو المحو على الكتابة يجب أن يترك أثرًا ماديًا على الدعامة لأن هذا الأثر يترتب عليه تبعات قانونية مثل فقدان المحرر قيمته في الإثبات نهائيًا أو إنقاص تلك القيمة[1] وقد يقود هذا الأثر أيضًا المحكمة للتأكد من صحة المحرر فقد يكون مزورًا، فلها أن تستدعي الموظف العام الذي صدر عنه هذا المحرر وذلك بطبيعة الحال بالنسبة للمحررات الرسمية أما بالنسبة للمحررات العرفية فالمحكمة تستدعي الشخص الذي حرره ليبدي ما يوضح حقيقة تلك الآثار المادية الموجودة على ذلك المحرر.

(١) د. حسن عبد الباسط جميعي - إثبات التصرفات القانونية التي يتم إبرامها عن طريق الإنترنت - مرجع سابق ص٢٢.

ولهذا كان للمحررات الكتابية والتي تتم على دعامات تقليدية مثل الورق قيمتها ووزنها في الإثبات لاستيعابها لذلك الشرط لأن القيام بأي إجراء على المحرر من زيادة في محتوياته أو إنقاص منها يترك أثرًا ماديًا يثير الشك لدى القاضي الأمر الذي يؤدي إلى التحقق من ذلك الإجراء وصحة المحرر.

أما بالنسبة للمحررات الإلكترونية ومدى توافر مثل هذا الشرط. يتضح عدم توافر هذا الشرط فطبيعة تكوين هذه المحررات على دعامات إلكترونية تسمح بإجراء الحذف والإضافة عليها دون ترك أثر مادي الأمر الذي يؤدي إلى عدم تحقق هذا الشرط والذي يترتب عليه آثار قانونية قد تؤدى إلى عدم الاعتراف بالمحرر كدليل كتابي أو إنقاص قيمته في الإثبات.

لذا كان ذلك من أهم الصعوبات التي تواجه المحررات الإلكترونية في الإثبات، إلا أنه من الممكن تحقيق ذلك الشرط – ترك أثر مادي - وذلك بالنظر إلى الغاية من هذا الشرط فالأثر المادي يكشف القيام بإجراء إضافة أو حذف، لذا فإن هذا الشرط يتحقق بالمحررات الإلكترونية متى ما أمكن كشف أي أجراء تعديل. أي أن المحرر الإلكتروني متى ما أنشئ باستخدام تقنية معينة قادرة على كشف أي تعديل يطرأ على ذلك المحرر، فإن ذلك الشرط يتحقق بالمحرر الإلكتروني حتى مع عدم ترك أثر مادي؛ لأن الغاية من ذلك الأثر قد تحققت وهي كشف التعديل؛ لذا يمكنني القول أن الشروط الواجب توفرها بالمحرر الكتابي تتوفر في المحرر الإلكتروني متى ما استخدمت تقنية معينة يمكن الاعتماد عليها لكشف أي تعديل.

وهذه التقنية قد ينص عليها القانون بشكل صريح[1] وذلك لقناعة المشرع بتلك التقنية لتحقيق الشرط السابق، وعندما ينص القانون على تقنية معينة، يصبح

---

(١) ومن الأمثلة على ذلك القانون المصري الخاص بتنظيم التوقيع الإلكتروني ففي المادة ١٨ وهي المادة التي يحدد بها القانون الشروط الواجب توافرها في التوقيع الإلكترونية والكتابة الإلكترونية والمحررات الإلكترونية لاعتداد بها كدليل كتابي جاءت الفقرة (ج) بالشرط التالي:

"إمكانية كشف أي تعديل أو تبديل في بيانات المحرر الإلكتروني أو التوقيع الإلكتروني وتحدد اللائحة التنفيذية لهذا القانون الضوابط الفنية والتقنية اللازمة لذلك" ويتضح من ذلك أن القانون المصري يعترف بحجية المحررات الإلكترونية بالإثبات متى ما أمكن كشف أي تبديل يطرأ عليها وذلك عن= =طريق الضوابط الفنية والتقنية التي تحددها اللائحة التنفيذية. والمقصود بالضوابط الفنية والتقنية هنا نوع التقنية المستخدمة لكشف التعديل والتبديل. والشروط الواجب توفرها بها.

وبينت اللائحة التنفيذية لذلك القانون تلك التقنية في المادة ١١ والتي نصت على ما يلي:

"مع عدم الإخلال بما هو منصوص عليه في المواد (٢، ٣، ٤) من هذه اللائحة يتم في الناحية الفنية والتقنية كشف أي تعديل أو تبديل في بيانات المحرر الإلكتروني الموقع إلكترونيا باستخدام تقنية شفرة المفتاحين العام والخاص وبمضاهاة شهادة التصديق الإلكتروني وبيانات إنشاء التوقيع الإلكتروني بأصل هذه الشهادة وتلك البيانات، أو بأي وسيلة مشابهة".

يتضح مما سبق أن القانون المصري يشترط للاعتراف بحجية المحررات الإلكترونية في الإثبات استخدام تقنية شفرة المفتاحين العام والخاص وأن استخدام تقنية أخرى مثل استخدام برامج حاسب الآلي لحفظ البيانات من التعديل أو التبديل لا يحقق ذلك الشرط.

استخدام تلك التقنية شرطًا من الشروط الواجب توافرها في المحرر الإلكتروني، أما إذا لم ينص القانون على تقنية معينة يترك تقدير جدارة التقنية المستخدمة لتحقيق الشرط السابق لتقدير القاضي.

والمحررات الإلكترونية بالإضافة للشروط السابق ذكرها، تتطلب شروطًا إضافية حتى تقوم بوظيفتها في الإثبات، وهذه الشروط نابعة من الطبيعة الخاصة التي تنشأ وترسل وتستقبل بواسطتها تلك المحررات. فهي تستخدم الوسائل الإلكترونية من أجهزة حاسب آلي وبرامج وغيرها؛ لذا اشترطت بعض القوانين على شروط إضافية تتعلق بتلك الوسائل مثل الشروط التي ذكرتها المادة (٨) من اللائحة التنفيذية[1] لقانون التوقيع الإلكتروني المصري والتي ذكرت ثلاثة شروط هي:

---

(١) حيث نصت المادة الثامنة على ما يلي: "مع عدم الإخلال بالشروط المنصوص عليها في القانون، تتحقق حجية الإثبات المقررة للكتابة الإلكترونية والمحررات الإلكترونية الرسمية أو العرفية لمنشئها إذا توافرت الضوابط الفنية والتقنية الآتية:=

= ١- أن يكون متاحا فنيا تحديد وقت وتاريخ إنشاء الكتابة الإلكترونية أو المحررات الإلكترونية الرسمية أو العرفية، وأن تتم هذه الإتاحة من خلال نظام حفظ إلكتروني مستقل وغير خاضع لسيطرة منشئي هذه الكتابة أو تلك المحررات، أو لسيطرة المعنى بها.
٢- أن يكون متاحا فنيا تحديد مصدر إنشاء الكتابة الإلكترونية أو المحررات الإلكترونية الرسمية أو العرفية ودرجة سيطرة منشئها على هذا المصدر وعلى الوسائط المستخدمة في إنشائها.
٣- في حالة إنشاء وصدور الكتابة الإلكترونية أو المحررات الإلكترونية الرسمية أو العرفية بدون تدخل بشرى، جزئي أو كلى، فإن حجيتها تكون متحققة متى أمكن التحقق من وقت وتاريخ إنشائها ومن عدم العبث بهذه الكتابة أو تلك المحررات".

الشرط الأول: ضرورة وجود طرف ثالث مستقل عن أطراف المحرر ولا يخضع لسيطرة أي منهم تكون مهمته تحديد وقت وتاريخ إنشاء المحررات الإلكترونية وحفظها من خلال نظام حفظ إلكتروني.

والغاية من هذا الشرط - حسب ما يرى الباحث - هو حفظ وقت وتاريخ المحرر الإلكتروني وذلك من أجل الآثار القانونية التي سوف تترتب على التاريخ مثل التقادم وأهلية المتعاقد عند إجراء التعاقد... وغيرها، هذا من ناحية ومن ناحية أخرى أن الاحتفاظ بوقت وتاريخ المحرر بواسطة طرف ثالث تؤدى إلى تحديد المحرر الأصلي في حالة وجود أكثر من محرر إلكتروني لنفس الموضوع حيث يمكن معرفة المحرر الأصلي من المحررات الأخرى التي قد تكون عدلت من قبل أحد الأطراف.

الشرط الثاني: يتعلق بالوسائل الإلكترونية المستخدمة في إنشاء المحرر الإلكتروني حيث يجب أن يكون متاحًا فنيًا تحديد مصدر إنشاء المحرر الإلكتروني ودرجة سيطرة المنشئ على هذا المصدر. والغاية من هذا الشرط - حسب ما يرى الباحث - معرفة درجة سيطرة منشئ المحرر على الوسائل الإلكترونية غاية في الأهمية حيث عدم سيطرة المنشئ على تلك الوسائل يقود إلى الشك بأنه هل هو

فعلا من أنشئ المحرر أم لا؟ فمن الممكن أن تكون تلك الوسائل متاحة لأكثر من شخص، فيجب أن يكون المنشئ مسيطرًا سيطرة تامة على تلك الوسائل حتى تعتبر تلك المحررات صادرة منه.

الشرط الثالث: يتعلق بالمحررات الإلكترونية التي تنشأ وترسل بواسطة نظام إلكتروني بدون تدخل بشري بشك جزئي أو كلي، فكما هو معروف هناك أنظمة إلكترونية تتلقى المعلومات من المستفيدين وتنشأ وترسل المعاملات لهم بشكل آلي دون تدخل بشري، فعلى سبيل المثال أغلب مواقع التجارة الإلكترونية على شبكة الإنترنت تستقبل طلبات الأفراد الراغبين بالشراء بشكل آلي، فمتى رغب شخص بالشراء من هذه المواقع فإن معاملات الشراء من إصدار فواتير واتفاقيات وغيرها تتم بشكل آلي دون تدخل بشري سواء كانت جميعها أو جزءًا منها.

لهذا فإن القانون يشترط على مثل هذه المحررات حتى تتحقق حجيتها في الإثبات أمرين: الأول: ضرورة التحقق من وقت وتاريخ إنشاء تلك المحررات وذلك عن طريق شخص ثالث؛ والثاني: إمكانية كشف التعديل الذي يطرأ على المحررات والتي عبرت عنها اللائحة بعدم العبث بالكتابة – حسب ما يرى الباحث - باستخدام تقنية شفرة المفتاحين العام والخاص التي نص عليها القانون.

المبحث الثاني

الشروط الواجب توافرها في التوقيع ومدى توافرها في التوقيع الإلكتروني

تمهيد وتقسيم:

الكتابة والتوقيع هما العنصران الأساسيان في الدليل الكتابي الكامل[١] فحتى يقبل المحرر الكتابي كدليل ويتمتع بالحجية القانونية يجب أن يشتمل على توقيع، وحتى يتمتع التوقيع بتلك الأهمية كعنصر أساسي في المحرر الكتابي يجب أن تتوافر به عدة شروط.

فيجب أن يكون التوقيع مميزًا لشخص صاحبه[٢] ويكون كذلك بأن يحدد هوية صاحبه، ولا يشترط أن يتم التوقيع باليد بل من الممكن إجراؤه بواسطة الختم أو بصمة الإصبع، وهذا ما أقرته المادة ١٤ من قانون الإثبات المصري والتي نصت على أنه: "يعتبر المحرر العرفي صادرًا ممن وقعه ما لم ينكر صراحة ما هو منسوب إليه من خط أو إمضاء أو بصمة... " وهذا يدل أنه لا يشترط شكل معين أو طريقة معينة للتوقيع بل الهدف هو وظيفة التوقيع والتي تتمثل في الدلالة على الشخص الموقع

(١) د. ثروت عبد الحميد -التوقيع الإلكتروني - الطبعة الثانية -مكتبة الجلاء الجديدة -٢٠٠٢-٢٠٠٣ص١٩.

(٢) د. سعيد السيد قنديل - التوقيع الإلكتروني - دار الجامعة الجديدة، ٢٠٠٤ ص٥١.

وتمييزه عن غيره؛ لذا فإن التوقيع بواسطة الوسائل الإلكترونية جائز ما دام أنه يستوفي الشرط السابق في الدلالة على شخص صاحبه.

ويجب أن يكون التوقيع أيضًا مقروءًا ويتصف بالثبات[١]، فما دام التوقيع يمثل شكلاً من أشكال الكتابة فيجب أن يتوافر به الشروط الواجب توافرها بالكتابة، ومنها أن يكون ثابتاً وأن يكون واضحًا ومقروءًا.

ويجب أن يتصل التوقيع بالمحرر الكتابي التصاقا ماديا[٢] أي بمعنى عدم القدرة على فصل التوقيع عن المحرر دون ترك أثر مادي، فالتوقيع بالإضافة للوظيفة التي يحققها بالدلالة على شخص الموقع يؤدي وظيفة أخرى وهي قبول الموقع على ما جاء بالمحرر فهو يثبت انصراف إرادة الموقع للقبول بالمحرر؛ لذا وجب أن يتصل التوقيع بذلك المحرر اتصالا ماديا بالإضافة لإمكانية كشف أي تعديل أو تبديل يطرأ على التوقيع.

وهذه هي الشروط الواجب توافرها في التوقيع التقليدي، فإذا توافرت هذه الشروط بالتوقيع الإلكتروني فإنه يعامل معاملة التوقيع التقليدي من حيث القيمة القانونية، وحتى تتوافر تلك الشروط في التوقيع الإلكتروني يستلزم الأمر توافر تقنية معينة يمكن الوثوق بها لتحقيق تلك الشروط.

وأيضا يستلزم الأمر تدخل شخص ثالث منفصل عن أطراف المحرر تكون مهمته إنشاء التوقيعات الإلكترونية للراغبين من شركات أو أفراد وأيضًا يقوم

---

(١) المستشار عمرو عيسى الفقى - وسائل الاتصال الحديثة وحجيتها في الإثبات - المكتبة القانونية - ٢٠٠٦ ص٢٩.

(٢) د. حسن عبد الباسط جميعي - إثبات التصرفات القانونية التي يتم إبرامها عن طريق الإنترنت - مرجع سابق ص ٣٢.

بتحديد هوية صاحب التوقيع خصوصًا أن الإنترنت شبكة دولية ولا يسهل على أي طرف التحقق من هوية الطرف الآخر؛ لذا وجب توافر بعض الشروط في الشخص الثالث منها الثقة وإنشاء توقيعات إلكترونية تتميز بالتفرد وغير قابلة للتزوير.

ولتوضيح ذلك سوف أتناول هذه الشروط في مطلبين: الأول يوضح الشروط الواجب توافرها بالتوقيع الإلكتروني وفي التقنية المستخدمة لإنشاء ذلك التوقيع تحت عنوان التوقيع الإلكتروني. والمطلب الثاني: يوضح الشروط الواجب توافرها بالشخص الثالث من الناحية الفنية والناحية الإدارية تحت عنوان جهات التصديق الإلكتروني. وذلك من خلال التقسيم التالي:

المطلب الأول: التوقيع الإلكتروني.

المطلب الثاني: جهات التصديق الإلكتروني.

المطلب الأول

التوقيع الإلكتروني

لقد ورد تعريف التوقيع الإلكتروني في معظم التشريعات التي تناولت تنظيم التوقيع الإلكتروني سواء على الصعيد الدولي أو على الصعيد الإقليمي.

فعلى الصعيد الدولي عرف نموذج قانون الأونسيترال بشأن التوقيعات الإلكترونية لسنة٢٠٠١م التوقيع الإلكتروني بأنه "بيانات في شكل إلكتروني مدرجة في رسالة بيانات أو مضافة إليها أو مرتبطة بها منطقيًا،يجوز أن تستخدم لتعيين هوية الموقع بالنسبة إلى رسالة البيانات، ولبيان موافقة الموقع على المعلومات الواردة في رسالة البيانات".

يتضح من التعريف السابق أن التوقيع الإلكتروني عبارة عن بيانات في شكل إلكتروني وهذه البيانات قد تكون حروفًا أو رموزًا أو أرقامًا أو أصواتًا وغيرها من أشكال البيانات، ويجب أن ترتبط بالمحرر أو الرسالة وأن تؤدى وظيفة التوقيع العادي من حيث تحديد هوية الموقع وإقراره على مضمون المحرر أو الرسالة.

وأيضًا تعرض التوجيه رقم ١٩٩٩/٩٣م الصادر عن البرلمان الأوروبي[1] والخاص بتنظيم إطار مشترك للتوقيعات الإلكترونية بين دول الاتحاد الأوروبي

---

(١) التوجيه الأوروبي رقم١٩٩٩/٩٣م الصادر عن البرلمان الأوروبي بتاريخ ١٣ديسمبر ١٩٩٩ والمنشور بالجريدة الرسمية عدد١٣ص١٢-٢٠ ، بتاريخ٢٠٠٠/١/١٩م وكان التعريف باللغة الإنجليزية كالتالي:

Electronic Signature: "Means Data In Electronic Form Which Are attached Or Logically Associated With Other Electronic Data And Which Serve As A method Of Authentication".

لتعريف التوقيع الإلكتروني وذلك من خلال المادة الثانية الفقرة الأولى حيث عرفه بأنه بيانات بشكل إلكتروني ترتبط أو تتصل منطقيًا ببيانات إلكترونية أخرى وتستخدم كطريقة للتحقق منها.

وإضافة الفقرة الثانية من المادة الثانية من التوجيه تعريف آخر للتوقيع الإلكتروني تحت اسم التوقيع الإلكتروني المتقدم، حيث أشارت تلك الفقرة إلى أنه توقيع إلكتروني يشتمل على عدة شروط هي:

١- يجب أن يرتبط بالموقع ويكون قادرًا على تحديد شخصيته وتميزه عن غيره من الأشخاص.

٢- ويجب أن يكون الوسيط الإلكتروني الذي يستخدم لإنشاء التوقيع تحت سيطرة الموقع الكاملة.

٣- ويجب أن يرتبط التوقيع بالبيانات بحيث يمكن عن طريقه كشف أي تغير يطرأ عليها.

يتضح مما سبق أن التوجيه الأوروبي رقم٩٣/١٩٩٩ ميز بين نوعين من التوقيعات الإلكترونية: توقيع حدد له شروطًا، ونوع آخر لم يحدد له شروطًا، والعبرة من ذلك تتضح من نص المادة الخامسة من التوجيه والتي تحدد القيمة القانونية للتوقيعات الإلكترونية. حيث عامل التوقيع الإلكتروني المتقدم والذي يشتمل على الشروط السابق ذكرها ويستند على شهادة تصديق معاملة التوقيع التقليدي من حيث القيمة القانونية، أما إذا لم يشتمل على تلك الشروط فلا يجب عدم الاعتراف به قانوناً وتتضح من ذلك العبرة من التمييز بين النوعين، وذلك من حيث القيمة القانونية فالتوقيع الإلكتروني المتقدم يمنح ذات القيمة القانونية المقررة

للتوقيع التقليدي. أما النوع الآخر والذي لا تتوافر به تلك الشروط فلا تهدر قيمته القانونية وإنما يترك أمر تقديرها للقاضي.

هذا على الصعيد الدولي، أما على الصعيد الإقليمي فلقد ورد تعريف التوقيع الإلكتروني في معظم قوانين المعاملات الإلكترونية، نذكر من تلك القوانين، قانون إمارة دبي رقم ٢ لسنة ٢٠٠٢ بشأن المعاملات والتجارة الإلكترونية. حيث عرفته المادة الثانية من القانون بأنه "توقيع مكون من حروف أو أرقام أو رموز أو صوت أو نظام معالجة ذي شكل إلكتروني وملحق أو مرتبط منطقيًا برسالة إلكترونية وممهور بنية توثيق أو اعتماد تلك الرسالة". وحددت الفقرة الأولى من المادة (٢٠) من القانون سابق الذكر الشروط الواجب توافرها في التوقيع الإلكتروني حتى يمنح ذات القيمة القانونية المقررة للتوقيع التقليدي وهذه الشروط هي:

" أ - ينفرد به الشخص الذي استخدمه.

ب - ومن الممكن إن يثبت هوية ذلك الشخص.

ج - وان يكون تحت سيطرته التامة سواء بالنسبة لإنشائه أو وسيلة استعماله وقت التوقيع.

د - ويرتبط بالرسالة الإلكترونية ذات الصلة به أو بطريقة توفر تأكيداً يعول عليه حول سلامة التوقيع، بحيث إذا تم تغيير السجل الإلكتروني فإن التوقيع الإلكتروني يصبح غير محمي."

وأيضًا ورد تعريف التوقيع الإلكتروني في قانون التوقيع الإلكتروني المصري رقم (١٥) لسنة ٢٠٠٤م. والذي عرف التوقيع الإلكتروني في الفقرة (ج) من المادة الأولى بأنه "ما يوضع على محرر إلكتروني ويتخذ شكل حروف أو أرقام أو رموز أو

إشارات أو غيرها ويكون له طابع متفرد يسمح بتحديد شخص الموقع ويميزه عن غيره".

وإضافة المادة (١٨) من القانون السابق الشروط الواجب توافرها بالتوقيع الإلكتروني حتى يمنح ذات الحجية المقررة للتوقيع بخط اليد ومن هذه الشروط:

ارتباط التوقيع بالموقع وحده دون غيره وسيطرة الموقع على الوسيط الإلكتروني وإمكانية كشف أي تبديل أو تعديل يطرأ سواء على بيانات المحرر الإلكتروني أو التوقيع الإلكتروني.

يتضح من التعريفات السابق ذكرها أن التوقيع الإلكتروني حتى يمنح ذات الحجية المقررة للتوقيع التقليدي، يجب أن تتوافر به شروط معينة ذكرتها بعض تلك التشريعات من خلال تعريف التوقيع الإلكتروني وتشريعات أخرى أفردت لها مواد خاصة توضح هذه الشروط.

ويتضح من تلك التشريعات أنه بالإضافة للشروط الواجب توافرها بالتوقيع التقليدي هناك شروط أخرى ذات طابع فني وتقني نابعة من كون الوسائل التي تستخدم لإنشاء التوقيع وإرساله واستقباله وسائل إلكترونية. وهذه الشروط هي كالتالي:

أولا: يجب أن يكون التوقيع الإلكتروني مميزًا لشخص صاحبه.

ثانيًا: يجب أن يتصف التوقيع الإلكتروني بالوضوح والاستمرارية.

ثالثًا: يجب أن يتصل التوقيع الإلكتروني بالمحرر الإلكتروني اتصالا من شأنه لو طرأ تغير على التوقيع أو المحرر أن يكتشف ذلك[١].

رابعًا: سيطرة الموقع على الوسيط الإلكتروني[٢] الخاص بإنشاء التوقيع سيطرة تامة[٣].

فكما هو معروف أن التوقيع التقليدي يتم إنشاؤه أما بواسطة البصمة أو بأداة منفصلة مثل القلم أو الختم، كذلك الأمر بالنسبة للتوقيع الإلكتروني فيتم إنشاؤه بواسطة وسيط إلكتروني، وهذا الوسيط قد يكون جهاز الحاسب الآلي أو جهازًا منفصلاً عنه مثل البطاقة الذكية [٤] حيث ينشأ التوقيع ويحفظ على تلك البطاقة، وكلما أراد الشخص التوقيع على محرر أو رسالة يقوم بالتوقيع باستخدام تلك البطاقة.

والمهم هنا سيطرة الموقع على الوسيط الإلكتروني الخاص بإنشاء التوقيع سواء كان الحاسب الآلي أو البطاقة الذكية، والمقصود بالسيطرة هنا عدم استخدام ذلك الوسيط سوى من قبل صاحب التوقيع، لأنه يفترض في كل مرة يصدر بها

---

(١) وهذه الشروط سبق أن تطرقنا لها عند الحديث عن الشروط الواجب توافرها بالتوقيع ولا حاجة لتوضيحها هنا.

(٢) انظر في شرح هذا الشرط، د. أيمن سعد سليم - التوقيع الإلكتروني، دراسة مقارنة، دار النهضة العربية. ٢٠٠٤ ص٢٤ وما بعدها.

(٣) انظر نص المادة ١٨ الفقرة (ب) من قانون التوقيع الإلكتروني المصري.

(٤) ولقد ورد تعريف لها في اللائحة التنفيذية لقانون التوقيع الإلكتروني المصري حيث عرفتها الفقرة ١٥ من المادة الأولى بأنها: "وسيط إلكتروني مؤمن يستخدم في عملية إنشاء وتثبيت التوقيع الإلكتروني على المحرر الإلكتروني، ويحتوي على شريحة إلكترونية بها معالج إلكتروني وعناصر تخزين وبرمجيات للتشغيل. ويشمل هذا التعريف الكروت الذكية

التوقيع أنه تم عن طريق صاحبه إلا في حالة فقدانه وكان صاحب الوسيط الإلكتروني قد بلغ عن فقدانه بالطرق التي ينص عليها القانون.

خامسًا: يجب أن يرتبط التوقيع بشهادة تصديق إلكتروني نافذة المفعول صادرة من جهة تصديق إلكتروني.

وكما وضحنا فيما سبق، إن أطراف المعاملات الإلكترونية التي تتم عبر شبكة الإنترنت يتواجدون في أماكن مختلفة، ولا يتمكن كل طرف من التحقق من هوية الطرف الآخر، وعند إجراء معاملة فيما بينهم، تبرز بعض التساؤلات مثل:

هل الطرف الآخر فعلا بصفته التي يدعيها؟ هل البيانات الخاصة به وبنشاطه صحيحة؟ هل التوقيع الإلكتروني الذي يستخدمه يعود له وحده وفعلاً هو توقيعه؟

لذا تبرز الحاجة إلى شخص ثالث يتصف بالحياد ويتحلى بالثقة من أطراف المعاملة، للإجابة على تلك التساؤلات، وهذا الشخص يطلق عليه "جهات التصديق الإلكتروني" وهذه الجهات هي التي تنشئ التوقيعات الإلكترونية للراغبين من الأفراد والمؤسسات ضمن الشروط الواجب توافرها بالتوقيع وتحتفظ بالبيانات الخاصة بصاحب التوقيع مثل اسم الشهرة ونوع نشاطه وغيرها، وتمنحه شهادة تصديق ترفق مع التوقيع الإلكتروني، وعند استلام أي معاملة من هذا الطرف ترفق معها تلك الشهادة حيث يستطيع الطرف الآخر الاستفسار من جهة التصديق عن صحة التوقيع وعن بيانات ذلك الطرف.

لذا تشترط بعض القوانين ومنها القانون المصري [1] ضرورة أن يرتبط التوقيع الإلكتروني بشهادة تصديق نافذة المفعول صادرة من جهة تصديق إلكتروني مرخص لها ومعتمدة.

هذا وبعد تحديد الشروط الواجب توافرها في التوقيع الإلكتروني حتى يمنح ذات الحجية القانونية المقررة للتوقيع التقليدي، يتضح أن هذه الشروط حتى تتحقق يجب توافر تقنية معينة، وهذه التقنية حتى تحقق تلك الشروط يجب أن يتوفر بها عدة شروط أيضًا، لذا يلزم توضيح الشروط الواجب توافرها بالتقنية، ثم نتناول الأنواع المختلفة للتوقيع الإلكتروني ونوضح مدى توافر الشروط الواجب توافرها في التوقيع الإلكتروني والتي تتطلبها معظم القوانين في تلك الأنواع المختلفة للتوقيع الإلكتروني، من خلال نقطتين نبين في الأولى الشروط الواجب توافرها في التقنية، ونخصص الثانية لأنواع التوقيع الإلكتروني، وذلك فيما يلي:

أولا: الشروط الواجب توافرها بالتقنية [2]:

١- القدرة على إنشاء توقيع إلكتروني متفرد: ويقصد بهذا الشرط أن تكون التقنية المستخدمة قادرة على إنشاء توقيعات غير متشابهة كل توقيع يرتبط بجهة معينة ويميزها عن غيرها.وهذا الشرط يخدم التحقق من هوية الشخص صاحب التوقيع، فبمجرد معرفة التوقيع تعرف هوية صاحبه.

---

(١) الفقرة أ من المادة ٩ في اللائحة التنفيذية للقانون المصري.
(٢) معظم هـذه الشـروط مسـتفادة مـن اللائحـة التنفيذيـة لقـانون التوقيـع الإلكترونـي المصـري المـادة رقم (٢).

٢- إنشاء توقيعات لا يمكن معرفتها عن طريق الاستنتاج: ويقصد بهذا الشرط عدم القدرة على معرفة الطريقة التي إنشئ بها التوقيع بمعرفة الطريقة التي إنشئ بها توقيع آخر، فعندما تستخدم معادلة رياضية لإنشاء التوقيعات، فإن معرفة هذه المعادلة يقود إلى معرفة باقي التوقيعات التي أنشئت بواسطتها، فحتى تحقق التقنية هذا الشرط يجب إنشاء توقيعات إلكترونية ضمن معادلات رياضية مختلفة حتى تستحيل طريقة الاستنتاج للتوصل لباقي التوقيعات التي تم إنشاؤها بواسطة تلك المعادلات الرياضية.

٣- القدرة على حماية التوقيع: حتى تحقق التقنية هذا الشرط يجب أن تعمل على أن يكون التوقيع الإلكتروني من المستحيل نسخه من قبل الغير، وأن لا يمكن تزويره أو تقليده وذلك بأن تكون البيانات التي إنشئ التوقيع على أساسها على درجة عالية من السرية؛ لأن معرفة هذه البيانات سوف تؤدى إلى سهولة تقليد التوقيع واستخدامه من قبل الغير.

٤- عدم الإضرار بالرسالة الإلكترونية أو بالمحرر الإلكتروني: يجب أن توفر التقنية المستخدمة سلامة الدعامة الإلكترونية من الضرر مثل تلف أو شطب بعض محتوياتها عند وضع التوقيع عليها.

٥- ربط التوقيع بالمحرر المراد توقيعه.

٦- إمكانية كشف أي تعديل يطرأ على المحرر الإلكتروني بعد توقيعه.

٧- يجب أن لا تحول هذه التقنية دون علم الموقع بمحتوى المحرر قبل توقيعه.

هذه هي أهم الشروط الواجب توافرها في التقنية، فمتى استطاعت أي تقنية توفر تلك الشروط فإنها حققت بالتوقيع الإلكتروني الشروط الواجب توافرها

بالتوقيع العادي، وهذا يؤدي إلى أن يتساوى التوقيع الإلكتروني مع التوقيع العادي من حيث القيمة القانونية.

ثانيًا: الأنواع المختلفة للتوقيع الإلكتروني:

تتعدد صور وأنواع التوقيع الإلكتروني. ومن هذه الانواع، التوقيع بواسطة القلم الإلكتروني، والتوقيع بواسطة البطاقات الممغنطة، والتوقيع بواسطة الخواص الذاتية، والتوقيع بواسطة الضغط على أحد مفاتيح الحاسب الآلي، والتوقيع الرقمي، وهذا يثير التساؤل التالي: هل تتوافر الشروط التي تتطلب معظم القوانين توافرها بالتوقيع الإلكتروني في هذه الانواع من التوقيعات الإلكترونية ؟ وللإجابة على هذا التساؤل يستلزم الأمر دراسة مدى توافر الشروط الواجب توافرها في التوقيع الإلكتروني في هذه الانواع من التوقيعات، وذلك على النحو الآتي:

١- التوقيع بواسطة القلم الإلكتروني:

ويتم في هذا النوع، التوقيع على شاشة الحاسب الآلي باستخدام قلم يدعى القلم الإلكتروني[1]، أو يتم تصوير التوقيع بواسطة الناسخ الضوئي (scanner) ومن ثم نقله إلى المحرر المراد التوقيع عليه وإرساله للطرف الآخر.

ومما لا شك فيه أن مثل هذا النوع من التوقيع لا يحقق الشروط السابق ذكرها، فمن الممكن نسخ التوقيع وإضافته لمحررات إلكترونية أخرى وأيضًا لا يتصل بالمحرر بطريقة لا يمكن فصله عنها ولا يتسم بالتفرد ولا يعرف عن هوية

---

(١) د. إبراهيم الدسوقي أبو الليل -التوقيع الإلكتروني ومدى حجيته في الإثبات "دراسة مقارنة" - بحث مقدم ضمن أعمال مؤتمر القانون والحاسوب - في الفترة ١٢-١٤/تموز/٢٠٠٤ ، جامعة اليرموك- الأردن. ص ٦.

صاحبه؛ لذا فهذا النوع من التوقيعات لا يمكن الاعتداد به لاستكمال الدليل الكتابي المعد لإثبات[١].

٢- التوقيع بواسطة البطاقات الممغنطة [٢] :

البطاقات الممغنطة هي بطاقات تقوم بإنشائها المصارف لعملائها تحتوي على شريط الإلكتروني يخزن به معلومات عن ذلك العميل مثل رقم حساب العميل لدى ذلك المصرف واسمه وغيرها من المعلومات التي يرى المصرف ضرورة وجودها.

وطبيعة العمل بهذه البطاقات تتطلب وجود رقم سري لا يعلمه سوى صاحبها يهدف إلى التحقق من أن حامل البطاقة هو صاحبها لأن عميل المصرف في هذه الحالة لا يتعامل مع أحد موظفي المصرف من أجل التحقق من هويته بل يتعامل مع الآلة؛ لذا وجب وجود طريقة للتحقق من هويته. والتحقق من هوية العميل بالنسبة للمصرف يتم بتوفر أمرين الأول وجود بطاقة ممغنطة صادرة من المصرف تحوي معلومات عن حساب معين لدى ذلك المصرف ولا تخول حاملها سوى التعامل مع ذلك الحساب، والثاني وجود رقم سري مرتبط بتلك البطاقة. وهذا الرقم يتم بدايةً إنشاؤه من قبل المصرف، ولكن يستطيع صاحبه بعد ذلك تغييره من أي جهاز صراف آلي تابع لذلك المصرف، وذلك من أجل تحقيق عنصر

(١) د. حسن عبد الباسط جميعي إثبات التصرفات القانونية التي يتم إبرامها عن طريق الإنترنت - مرجع سابق ص ٣٥.
(٢) د. إبراهيم الدسوقي أبو الليل -التوقيع الإلكتروني ومدى حجيته في الإثبات "دراسة مقارنة" المرجع السابق ص٤.

الأمان، هذا من ناحية، ومن ناحية أخرى يكون هذا الرقم بمثابة توقيع إلكتروني بدل التوقيع التقليدي لصاحب الحساب.

ولكن هل يحقق هذا النوع من التوقيع الشروط الواجب توافرها في التوقيع الإلكتروني التي تتطلبها معظم القوانين؟ من خلال ما سبق يتضح أن هذا النوع من التوقيع يحدد هوية صاحبه ولكن لطرف واحد فقط وهو المصرف، وبالنسبة للمصرف فإن هوية صاحب الحساب معروفة مسبقًا، وذلك من خلال المعاملات التي سبقت إصدار البطاقة مثل معاملة إنشاء الحساب لدى المصرف، والتي يكون المصرف من خلالها اطلع على جميع بيانات العميل ويستخدم الرقم السري بعد ذلك للتحقق من تلك الهوية. أما بالنسبة للأطراف الأخرى والتي يتعامل معها صاحب ذلك الرقم فمما لاشك فيه أنه لا يعرف هوية صاحبه، فمن غير المعقول أن يتم التوقيع بواسطة ذلك الرقم على عقد مثلا أو رسالة بيانات مع طرف غير المصرف. وحتى في العلاقة مع المصرف فإن هذا التوقيع يستخدم لأجراء معاملات على الحساب محددة فقط، ولا يصلح لإجراء جميع معاملات العميل مع المصرف. فالتوقيع الإلكتروني المقصود هنا هو ذلك التوقيع الذي يحدد شخصية صاحبه بالنسبة للكافة. سواء الأطراف الذين سبق لهم التعامل مع صاحب التوقيع أو الأطراف الجدد. ويصلح أن يستخدم في جميع المعاملات التي تتطلب التوقيع عليها[1].

---

(١) قريب من المعنى د. حسن عبد الباسط جميعي إثبات التصرفات القانونية التي يتم إبرامها عن طريق الإنترنت - مرجع سابق ص٣٧. د. ثروت عبد الحميد -مرجع سابق - ص٥٩.

٣- التوقيع بواسطة الخواص الذاتية [١] :

الخواص الذاتية للإنسان هي تلك الخواص التي تميزه عن غيره وتحدد هويته مثل بصمة الإصبع وبصمة شبكية العين وبصمة الشفاه ونبرات الصوت[٢].

وتستخدم هذه الخواص كتوقيع إلكتروني في بعض المجالات مثل الأماكن التي لا يسمح بالدخول إليها إلا لأشخاص محددين ونظم المعلومات التي لا يسمح بالاطلاع عليها سوى لعدد معين من الأشخاص، حيث يتم تخزين نسخة من تلك الخواص للأشخاص المخول لهم بالدخول لتلك الأماكن أو الاطلاع على معلومات معينة على أجهزة الحاسب الآلي، وعندما يحاول أي شخص الدخول لتلك الأماكن يطلب منه عرض تلك الخواص سواء كانت بصمة إصبع أو بصمة شبكية العين أو نبرة الصوت على أجهزة معينة، ومن ثم تتم مطابقتها بتلك البصمة المخزنة مسبقًا، فإذا كان من الأشخاص المخول لهم في الدخول لتلك الأماكن أو الاطلاع على معلومات معينة يسمح له النظام بالدخول أو الاطلاع.

وتعتبر تلك الطريقة بمثابة توقيع إلكتروني لذلك الشخص تميزه عن غيره وتحدد هويته. ولكن محاولة تعميم هذا النوع من التوقيع الإلكتروني على المعاملات الإلكترونية عبر الإنترنت فيه شيء من الصعوبة.

---

(١) لمزيد من التفصيل حول هذا التوقيع راجع. د عادل محمود شرف ود. عبدالله إسماعيل عبدالله. - ضمانات الأمن والتامين في شبكة الإنترنت - بحث مقدم لمؤتمر القانون والكمبيوتر والإنترنت، العين، الإمارات العربية المتحدة من ١-٣ مايو سنة ٢٠٠٠م.

(٢) د. حسن عبد الباسط جميعي إثبات التصرفات القانونية التي يتم إبرامها عن طريق الإنترنت - مرجع سابق ص ٤١.

وذلك لأن هذا النوع من التوقيع يتطلب وجود نسخة من تلك الخواص لدى الطرف الآخر حتى يمكنه من مطابقتها في كل معاملة ترسل من الطرف المقابل هذا من جانب، ومن جانب آخر من الممكن الحصول على نسخة من تلك الخواص واستعمالها بطريقة غير مشروعة.

وبالنسبة للشروط الواجب توافرها في التوقيع الإلكتروني أو التقنية المستخدمة لإنشاء ذلك التوقيع. يلاحظ عدم توافرها لدى هذا النوع من التوقيعات، فحتى لو تمكنت هذه التقنية من تحديد هوية صاحب التوقيع إلا أن هذا التحديد يكون فقط بالنسبة للأطراف الذين لديهم نسخة عن تلك الخواص أي الأطراف الذين بينهم تعامل مسبق أما الأطراف الجدد والذين ليس لصاحب التوقيع سابقة تعامل معهم فهذا التوقيع لا يحدد الهوية بالنسبة لهم وطبيعة التعامل عبر شبكة الإنترنت تفرض في كثير من الأحيان التعامل مع أطراف جدد. وأيضًا لا تمكن تلك التقنية في كشف أي تبديل أو تعديل يطرأ على المحرر الإلكتروني بعد توقيعه، هذا إن أمكن ربط ذلك التوقيع بالمحرر الإلكتروني وأيضًا تلك التقنية لا تحقق الأمان، حيث من الممكن أن يستخدم ذلك التوقيع من قبل الطرف الذي يحتفظ بنسخة منه بطريقة غير مشروعة؛ لذا فإن هذا النوع من التوقيعات الإلكترونية لا يصلح للمعاملات الإلكترونية وإنما يصلح لمجالات معينة فقط.

٤- التوقيع بواسطة الضغط على أحد مفاتيح الحاسب الآلي:

من الأمور الشائعة على شبكة الإنترنت وجود اتفاقيات معدة مسبقا تظهر للمستخدم عند محاولة تشغيل برنامج معين أو استخدام خدمة ما ، تطلب منه، أما الموافقة على هذه الاتفاقيات أو لا ، من أجل استخدام ذلك البرنامج أو الاستفادة

من تلك الخدمة، وتتم الموافقة بالضغط على أحد مفاتيح الحاسب الآلي أو بواسطة المؤشر المتحرك.

إلا أن هذه الطريقة لا تعتبر توقيعًا إلكترونيًا لأنها لا تحقق الشروط الواجب توافرها بذلك التوقيع فلا تحدد هوية الشخص ولا ترتبط بالمحرر الإلكتروني وكل ما تحققه هو التعبير عن الإرادة بالقبول أو الرفض.

٥- التوقيع الرقمي:

يعتمد هذا النوع من أنواع التوقيعات الإلكترونية على علم التشفير [١]، والتشفير هـو أحـد فروع علم الرياضيات وكان استخدامه محصورًا عـلى الأغراض العسكرية لضمان سرية الاتصالات وتبادل المعلومات، إلا أن تطور التجارة الإلكترونية وبروز حاجتها للأمن أثنـاء تبادل بياناتها عـبر شبكة الإنترنت أدى ذلك إلى أن سمحت الحكومات باستخدام هذه التقنية في حدود معينة لضمان سلامة المعلومات الخاصة بالمؤسسات والشركات أثناء انتقالها عبر شبكة الإنترنت مـن العبـث في محتوياتها من التعديل أو الحذف.

ولقد عرفت اللائحة التنفيذية للقانون المصري الخاص بتنظيم التوقيـع الإلكتروني التشفير وذلك من خلال الفقرة ٩ مـن المـادة الأولى والتي عرفته بأنه "منظومـة تقنيـة حسـابية تستخدم مفاتيح خاصة لمعالجة وتحويل البيانات والمعلومات المقروءة إلكترونيا بحيث تمنع استخلاص هـذه البيانات والمعلومات إلا عن طريق استخدام مفتاح أو مفاتيح فك الشفرة".

---

[١] د. ايمـن مسـاعدة - التوقيـع الرقمـي وجهـات التوثيـق - بحـث مقـدم لمـؤتمر القـانون والحاسـوب - في الفـترة ١٢-١٤/تموز/٢٠٠٤، ص٣.

وطريقة التشفير هي تحويل المعلومات إلى أرقام ورمز يصعب فهمها من قبل الغير، ويكون ذلك باستخدام برامج خاصة للتشفير حيث تحول هذه البرامج المعلومات إلى رموز وأرقام ضمن معادلة حسابية معينة لا يمكن فهمها من قبل الغير إلا بامتلاك البرنامج والرقم السري لإعادة المعلومات إلى طبيعتها ويجري العمل بمثل هذه التقنية بأن يمتلك طرفا المعاملة البرنامج الخاص بالتشفير، حيث يتم تشفير المحرر الإلكتروني بواسطة ذلك البرنامج من قبل أحد الأطراف وإرساله للطرف الآخر الذي يفك شفرة ذلك المحرر، ويعيده إلى وضعه الأصلي بواسطة البرنامج ذاته، ويطلق على هذا النوع من التشفير، "التشفير المتناظر"(١) حيث يستخدم نفس المفتاح للتشفير وفك التشفير.

وهذا النوع من التشفير يحقق ميزة واحدة وهي عدم قدرة الغير على الاطلاع على محتويات المحرر الإلكتروني وعدم القدرة على تعديلها، إلا أنه في المقابل لا يحقق الشروط الخاصة بالتوقيع الإلكتروني حيث يستطيع أي من أطراف المعاملة وخاصة إذا تعددت الأطراف إعادة فك شفرة المحرر الإلكتروني والتعديل عليه مع عدم القدرة على كشف ذلك.

وهناك نوع آخر من التشفير يطلق عليه التشفير اللامتناظر "تقنية المفتاحين العام والخاص".

وهذا النوع من التشفير يعتمد على وجود مفتاحين الأول يدعى المفتاح الخاص والثاني المفتاح العام.

---

(١) Ian Curry. An Introduction to Cryptography and Digital Signatures. ٢٠٠٠. p. ٣

منشور على الإنترنت على العنوان التالي:

http://www.entrust.com/resources/pdf/cryptointro.pdf

والمفتاح الخاص هو الذي يتم به التشفير ولا يعلمه أحد سوى صاحبه، أما المفتاح العام فهو الذي يفك به التشفير ويعلمه جميع من يتعامل مع صاحب المفتاح الخاص[1]. وهذان المفتاحان يتم إنشاؤهما عن طريق طرف ثالث يدعى "جهات التصديق الإلكتروني".

وتقنية شفرة المفتاحين العام والخاص والمعروفة باسم تقنية شفرة المفتاح العام تعتمد في إنشاء التوقيع الإلكتروني على امتلاك صاحب التوقيع مفتاحين أحدهما خاص به والآخر عام لاستخدام الأطراف الذين يتعامل معهم وعلى وجود شهادة تصديق إلكتروني.

ولتوضيح كيفية العمل بهذه التقنية بشكل مبسط سوف نشرح ذلك من خلال المثال[2] التالي:

نفترض أن للمعاملة الإلكترونية طرفين الأول يدعى (أ) والثاني يدعى (ب) وتقدم الطرفان لإحدى جهات التصديق الإلكتروني للحصول على توقيع إلكتروني وقامت تلك الجهة بعد تسديد مقابل تلك الخدمة بأخذ بياناتهما الشخصية وبيانات النشاط الذي يمارسه كل منهم، وبعد ذلك أنشأت لكل طرف مفتاحين مفتاح خاص ومفتاح عام.

---

(١) Brian Gladman. Carl Ellison. and Nicholas Bohm. Digital Signatures, Certificates & Electronic Commerce. Version ١. ١, ١٩٩٩. P. ١

منشور على شبكة الإنترنت على العنوان: http://jya. com/bg/digsig. pdf

(٢) لمزيد من الأمثلة راجع:

Paul Mobbs. Using Encryption and Digital Signatures. ٢٠٠٢ P. ٣

http://security. ngoinabox. org/Documentation/Intro-Docs/scb٤-Encryption. pdf

وإذا افترضنا أن (أ) يريد أن يرسل رسالة إلكترونية إلى (ب) فإنه بعد أن ينهي إعداد الرسالة يستخدم برنامج يأخذ عن الرسالة المرسلة صورة مصغرة تدعى (Hash) تحوي بيانات كافية عن جميع عناصر الرسالة وتكون بمثابة البصمة لتلك الرسالة.

ومن ثم يقوم (أ) بتشفير الصورة المصغرة من الرسالة بواسطة مفتاحه الخاص، وهذا هو توقيع (أ) الإلكتروني وهو عبارة عن صورة مصغرة مشفرة عن الرسالة، ومن ثم يقوم بإلحاقها بالرسالة الأصلية وإرسالها إلى الطرف الآخر (ب).

الطرف الآخر سوف تصله الرسالة الأصلية بالإضافة للتوقيع الإلكتروني "الصورة المصغرة المشفرة" بالإضافة لشهادة تصديق إلكتروني من الجهة التي منحت ذلك التوقيع، أما دور الطرف المقابل (ب) فإنه يقوم بعملية عكسية. فأولاً يفك شفرة صورة الرسالة المشفرة بواسطة المفتاح العام الخاص بالمرسل (أ) وبواسطة نفس المفتاح يقوم بإنشاء صورة مصغرة أخرى عن نفس الرسالة، وبعد ذلك يقارن كلتا الصورتين بعضهما ببعض فإذا لم يجد اختلافًا يتأكد بأن الرسالة لم يطرأ عليها أي تغيير خلال عملية الإرسال، ومن ثم يقوم بالتأكد من التوقيع الإلكتروني الذي استلمه هل هو فعلا يعود للطرف المرسل (أ)؟ وأنه ساري المفعول ولا يزال يملكه؟ وذلك عن طريق شهادة التصديق المرفقة والتي تعود لجهة التصديق، فيقوم بالاستفسار من تلك الجهة عن صحة التوقيع وعن هوية صاحبه، وجهة التصديق إما تؤكد تلك المعلومات أو تنفيها بأن التوقيع غير معتمد بسبب انتهاء مدته أو أن صاحبه أعلن لديها عن فقدانه. ويكون بذلك قد تأكد عن طريق طرف ثالث من صحة التوقيع وهوية صاحبه، ويقوم بعد ذلك بالاحتفاظ بنسخة من الرسالة والصورة المصغرة المشفرة، ومن ثم يقوم بإنشاء صورة مصغرة عن الرسالة بواسطة

برنامج لديه ويشفرها بواسطة مفتاحه الخاص ويرسلها للطرف المقابل (أ)، حيث يقوم (أ) بفك الصورة المشفرة باستخدام المفتاح العام الخاص بالطرف المقابل (ب) وعمل صورة مصغرة أخرى ومقارنة الاثنين وبعد التأكد يخاطب جهة التصديق للتأكد من صحة التوقيع وهوية صاحب التوقيع وبعد التأكد يحتفظ بنسخة من الرسالة والصورة المشفرة. وهكذا يكون لدى طرفي المعاملة نسخة عن الرسالة وتوقيع الطرف الآخر.

وهذا ما يطلق عليه التوقيع الرقمي تقنية المفتاحين العام والخاص بصورة مبسطة. ولأجل التأكد من صلاحية هذا التوقيع في تحقيق وظيفة التوقيع التقليدي، سوف أوضح مدى توافر الشروط الواجب توافرها بالتوقيع في هذا النوع من التوقيعات، ومدى توافر الشروط الواجب توافرها بالتقنية المستخدمة لإجراء هذا التوقيع.

فبالنسبة للشرط الأول والثاني من الشروط الواجب توافرها بالتوقيع وهي أن يتصف التوقيع الإلكتروني بالثبات وأن يكون مميزاً لشخص صاحبه أجدها تتوافر في التوقيع الرقمي، فهذا النوع من التوقيعات يحقق شرط الثبات والاستمرارية بالتوقيع وأيضًا يمكن التعرف على هوية صاحب التوقيع عن طريق شهادة التصديق.

وبالنسبة للشرط الثالث من الشروط الواجب توافرها بالتوقيع وهو أن يتصل التوقيع الإلكتروني بالمحرر اتصالا من شأنه كشف أي تعديل يطرأ على التوقيع أو المحرر، أجد أن هذا الشرط يتحقق بالتوقيع الرقمي. فيمكن كشف أي تغير في التوقيع أو في محتويات المحرر الإلكتروني عن طريق المفتاح العام، الخاص بصاحب التوقيع، والموجود لدى الطرف الآخر حيث يستطيع بواسطته التأكد من أن التوقيع

أو محتويات المحرر الإلكتروني قد تغيرت فإذا لم يستطع أن يفك تشفير الصورة المصغرة عن المحرر الإلكتروني بواسطة المفتاح العام لصاحب التوقيع يعلم أن هذا التوقيع لا يعود للطرف الآخر صاحب المفتاح العام وإذا استطاع فك التشفير وبعد أن عمل صورة مصغرة أخرى عن المحرر الإلكتروني بواسطة المفتاح العام ولم تتطابق الصورتان يعلم أن المحرر قد طرأ عليه تغيير. فالصورة المصغرة عن المحرر الإلكتروني تحوي جميع تفاصيل ذلك المحرر، وإذا تمت أي زيادة مهما صغرت على المحرر فإن الصورة المصغرة الجديدة سوف تختلف عن الصورة الأولى مما يدل على حصول تغيير.

أما بالنسبة للشرط الرابع ضرورة سيطرة الموقع على الوسيط الإلكتروني الخاص بإنشاء التوقيع. أجد أن هذا الشرط يتحقق. حيث يتم بهذا النوع من التوقيعات تخزين بيانات إنشاء التوقيع على البطاقة الذكية وهي وسيط إلكتروني غير متصل مع جهاز الحاسب الآلي، ويستطيع صاحبها السيطرة عليها سيطرة تامة وحفظها في مكان آمن، وإذا فقدها أو خرجت عن سيطرته فيستطيع إبلاغ جهات التصديق لوقف التعامل بهذا التوقيع وهي بدورها تبلغ الأطراف عن عدم نفاذ التوقيع عندما تقوم تلك الأطراف بالاستفسار لديها.

أما بالنسبة للشرط الخامس من ضرورة ارتباط التوقيع بشهادة تصديق إلكتروني نافذة المفعول صادرة عن جهة تصديق إلكتروني. أجد أيضًا هذا الشرط يتحقق ففي كل مرة يرسل محرر إلكتروني يحوي توقيع رقمي ترتبط به شهادة تصديق إلكتروني تابعة لجهة تصديق معينة.

أما بالنسبة للشروط الواجب توافرها بالتقنية ومدى توافرها بالتقنية المستخدمة في التوقيع الرقمي فبالنسبة للشرط الأول والثاني وهي القدرة على

إنشاء توقيع متفرد وإنشاء توقيعات لا يمكن معرفتها عن طريق الاستنتاج. فنجد أن هذين الشرطين يتحققان بالتقنية المستخدمة بالتوقيع الرقمي حيث تنشئ جهات التصديق الإلكتروني توقيعات غير متماثلة، وكل مشترك لديها يحصل على توقيع منفرد.

وأيضًا تستخدم تلك الجهات تقنية تشفير تنشئ مفاتيح خاصة وعامة بشكل عشوائي، فلا يمكن معرفة توقيع إلكتروني عن طريق معرفة آخر لأنها لا تتبع عملية حسابية واحدة في إنشاء التوقيعات فلا يمكن عن طريق الاستنتاج التوصل لمعرفة التوقيعات التي تنشئها.

وبالنسبة للشرط الثالث، القدرة على حماية التوقيع أجد أن هذا الشرط يتحقق، وذلك عن طريق حفظ التوقيع على بطاقة ذكية وأيضًا تحتفظ جهة التصديق بالمفاتيح الخاصة بإنشاء التوقيعات للمشتركين لديها في صناديق إلكترونية على درجة عالية من السرية.

وبالنسبة لباقي الشروط الواجب توافرها بالتقنية أجد أن التقنية المستخدمة بالتوقيع الرقمي تستوعبها أيضًا. فهي لا تؤدى إلى الأضرار بالمحرر الإلكتروني المراد توقيعه. وتؤدى إلى إمكانية كشف أي تعديل يطرأ على المحرر بعد توقيعه، وتمكن التوقيع من الارتباط بالمحرر الإلكتروني وأيضًا لا تحول هذه التقنية دون علم الموقع الكامل بمحتوى المحرر قبل توقيعه.

وهكذا يتضح أن التوقيع الرقمي لم يستوف الشروط الواجب توافرها بالتوقيع فحسب، بل أضاف عليها، ففي التوقيع الرقمي يتم التأكد من صحة التوقيع وهوية صاحبه في كل مرة يستقبل بها التوقيع. بينما في التوقيع التقليدي يتم التأكد من صحة التوقيع عند نشوء خلاف بين الأطراف وإنكار أحد الأطراف

التوقيع. وأيضًا في التوقيع التقليدي يقع التوقيع على جزء من المحرر أو الرسالة المراد توقيعها وغالبا ما يكون في أسفل الرسالة أو المحرر بينما يرتبط التوقيع الرقمي بجميع أجزاء المحرر أو الرسالة. وأيضًا لا يستطيع صاحب التوقيع الرقمي إنكاره، لأنه موثق لدى جهة التصديق الإلكتروني والتي غالبًا ما تكون تابعة للدولة أو مفوضة من قبلها.

لذا فإن التوقيع الرقمي يعامل معاملة التوقيع التقليدي من حيث القيمة القانونية ويؤدي إلى استكمال الدليل الكتابي المعد للإثبات في كافة التشريعات التي نظمت التوقيعات الإلكترونية، فمنها من نصت صراحة في اللائحة التنفيذية للقانون على وجوب أن يكون التوقيع الإلكتروني بصوره التوقيع الرقمي مثل اللائحة التنفيذية لقانون التوقيع الإلكتروني المصري والتي اشترطت الفقرة الأولى من المادة الثالثة أن تكون التقنية المستخدمة في إنشاء التوقيع الإلكتروني مستندة إلى تقنية شفرة المفتاحين العام والخاص. ومنها من لم تنص صراحة على استخدام هذه التقنية ولكنها وضعت شروطًا للتوقيع الإلكتروني الذي يتساوى مع التوقيع التقليدي من حيث القيمة القانونية وهذه الشروط لا تتوافر إلا في التوقيع الرقمي، وأطلقت عليه أسماء مختلفة مثل التوقيع الإلكتروني المتقدم الذي ورد في الفقرة الثانية من المادة الثانية من التوجيه الأوروبي رقم١٩٩٩/٩٣، وأيضًا أطلقت عليه تشريعات أخرى مصطلح "التوقيع الإلكتروني المحمي" والذي ورد في المادة الثانية من قانون إمارة دبي رقم (٢) لسنة ٢٠٠٢ بشأن المعاملات التجارية الإلكترونية.

ومهما اختلفت التسميات فإن التوقيع الرقمي هو المقصود وهو يمنح ذات الحجية القانونية المقررة للتوقيع التقليدي. إلا أن بعض التشريعات[١] تهدر القيمة القانونية لأنواع التوقيعات الإلكترونية الأخرى من حيث استكمال الدليل الكتابي، والبعض[٢] الآخر لا ينكر تلك القيمة ويترك أمر تقديرها للقاضي من خلال تقدير جدارة التقنية التي تم بها ذلك التوقيع.

---

(١) مثل قانون التوقيع الإلكتروني المصري.

(٢) مثل التوجيه الأوروبي رقم٩٣/١٩٩٩ وقانون إمارة دبي رقم (٢) لسنة٢٠٠٢ بشان المعاملات والتجارة الإلكتروني. راجع ما سبق عند تعريف التوقيع الإلكتروني. ص٥٣ وما بعدها.

المطلب الثاني

جهات التصديق الإلكتروني

تشترط معظم التشريعات الخاصة بتنظيم التوقيع الإلكتروني ارتباط التوقيع الإلكتروني بشهادة تصديق إلكتروني، وقد يأتي هذا الشرط بشكل صريح، أو ضمني من خلال اشتراط بعض الأمور التي لا يمكن تحققها بدون شهادة تصديق مثل اشتراط التحقق من هوية صاحب التوقيع، أو ارتباط التوقيع بالموقع، فهذه الاشتراطات لا يمكن توافرها من غير شخص ثالث وهو جهة التصديق الإلكتروني؛ لذا فحتى يعامل التوقيع الإلكتروني معاملة التوقيع التقليدي من حيث حجية الإثبات وجب ارتباط التوقيع الإلكتروني بشهادة تصديق صادرة من جهة تصديق إلكتروني معترف بها[١].

وجهة التصديق الإلكتروني هي التي تنشئ التوقيعات الإلكترونية للأفراد والمؤسسات[٢]؛ لذا تشترط بعض التشريعات شروطًا معينة يجب أن تحققها تلك الجهات. حتى تتمتع التوقيعات الإلكترونية الصادرة عنها بحجيتها في الإثبات، والغاية من هذه الشروط هو التأكد من استخدام تلك الجهات لتقنية توفر الشروط الواجب توافرها في التوقيع، وأيضًا من أجل أن يتم التعرف على هوية الطرف الآخر من قبل جهة موثوق بها[٣] بالنسبة لأطراف المعاملة؛ لذا كان لابد من توافر

---

(١) د. إبراهيم الدسوقي أبو الليل -التوقيع الإلكتروني ومدى حجيته في الإثبات "دراسة مقارنة" مرجع سابق ص ٢٠.

(٢) Froomkin (Michael): "the essential role of trusted third parties in electronic commerce" ١٩٩٦ http://osaka. law. miami. edu/~froomkin/articles/trusted. htm

(٣) د. أيمن مساعدة -التوقيع الرقمي وجهات التوثيق - مرجع سابق - ص ٦.

بعض الشروط، منها ما يتعلق بالأمور التقنية ومنها ما يتعلق بالمعلومات التي يجب أن تحتويها شهادة التصديق. والتي نوضحها فيما يلي:

أولاً: الشروط الواجب توافرها في التقنية:

تشترط بعض التشريعات ومنها قانون التوقيع الإلكتروني المصري بعض الشروط الفنية والتقنية التي يجب أن توفرها جهة التصديق الإلكتروني حتى يتم التصريح لها أو اعتمادها وحددت المادتان الثالثة والثانية عشرة من اللائحة التنفيذية للقانون سابق الذكر تلك الشروط بما يلي:

١- يجب أن تستند التقنية المستخدمة لإنشاء التوقيع الإلكتروني إلى تقنية المفتاحين العام والخاص وإلى المفتاح الشفري الجذري[١] الخاص بالجهة المرخص لها والذي تصدره لها هيئة صناعة تكنولوجيا المعلومات. حيث تمنح هذه الهيئة كل جهة مرخص لها مفتاح شفري جذري يتم عن طريقه إنشاء شهادة التصديق الإلكتروني والبيانات الخاصة بإنشاء التوقيع إلكتروني.

٢- أن تكون قوة التشفير[٢] المستخدمة لإنشاء مفاتيح الشفرة الجذرية لجهات التصديق الإلكتروني لا تقل عن ٢٠٤٨ حرف إلكتروني (BIT).

---

(١) عرفت الفقرة ١٣من المادة الأولى من اللائحة التنفيذية للقانون المصري الخاص بالتوقيع الإلكتروني المفتاح الشفري الجذري بأنه " أداة إلكترونية تنشأ بواسطة عملية حسابية خاصة وتستخدمها جهات التصديق الإلكتروني لإنشاء شهادات التصديق الإلكتروني وبيانات إنشاء التوقيع الإلكتروني".

(٢) تعتمد قوة التشفير على عدد خانات المكونة لكل رقم أو حرف، فإذا كان الحرف مكونًا من ١٠ خانات فإن قوة التشفير تكون ١٠، وكلما قلت قوة التشفير ضعف التشفير وأصبح سهل الترجمة من قبل الغير وكلما زادت عدد الخانات يحصل العكس وتصعب عملية الترجمة، وذلك يعود لأن معظم= =البرامج المخصصة لفك التشفير تعتمد على الاحتمالات، فمثلا لو كان الرقم مكونًا من خانة واحدة فإن الاحتمالات تكون عشرة من صفر لغاية الرقم ٩ واحتمال تجربة جميع الاحتمالات العشرة ومعرفته سهلة ولا تأخذ وقتًا كبيرًا وإذا كانت كلمة السر- مثلا تتألف من رقمين زادت الاحتمالات وزادت المدة لتجربة جميع الاحتمالات لمعرفة كلمة السر، وهكذا ومن الأمثلة على برامج التشفير برنامج يدعى:

(DATA ENCRYPTION STANDARD) (DES)

وكان من أفضل البرامج وأكثرها شيوعا ويعتمد على تشفير بقوة ٥٦ بت ولمعرفة المزيد عن هذا البرنامج راجع العنوان التالي على شبكة الإنترنت:

http://www. itl. nist. gov/fipspubs/fip٤٦-٢. htm

ولكن البرامج الخاصة بفك التشفير تستطيع فك ما تم تشفيره بواسطة هذا البرنامج بأقل من ٢٤ ساعة أي تستطيع فك شفرة المفتاح الخاص ومعرفة التوقيع الإلكترونية واستخدامه لأغراض غير مشروعة هذا وبعد أن أصبح البرنامج السابق غير آمن، تم اختراع برنامج آخر يدعى "pretty good privacy "pop بقوة تشفير ١٢٨ Bit هذا ولم تتمكن برامج فك التشفير والتي تعتمد على الاحتمالات ولغاية تاريخ إعداد هذه الدراسة، فك شفرة البيانات التي تشفر بواسطة هذا البرنامج لأن ١٢٨ خانة تتطلب منها سنوات عديدة لتجريب جميع الاحتمالات عليها. فما القول إذا كانت قوة التشفير تصل لغاية ٢٠٤٨ خانة.

ولمزيد من التفاصيل عن البرنامج السابق راجع العنوان التالي على شبكة الإنترنت:

http://www. pgpi. org/

وأن الهدف من استخدام قوة تشفير كبيرة بهذا الشكل هو الوصول إلى اكبر درجات الأمان لإنشاء مفاتيح الشفرة الجذرية وأن تكون من الصعوبة بحيث لا يمكن فك تلك الشفرة من قبل الغير.

فهذه المفاتيح تنشأ بواسطة سلطة التصديق العليا في الدولة[1] والتي بدورها تصدرها لجهات التصديق المرخص لها من قبل تلك السلطة، حيث تتمكن

(١) في بعض التشريعات يشترط أن تكون هناك جهة تصديق عليا تابعة لإحدى وزارات الدولة. وتقوم هذه الجهة إما بممارسة نشاطها من إصدار شهادات تصديق وبيانات إنشاء التوقيع الإلكترونية بنفسها أو عن طريق جهات تصديق أخرى تفوضها بممارسة هذا النشاط ضمن شروط معينة وتحت= =رقابتها، وهذا ما يجري عليه العمل في التشريع المصري. وفى تشريعات أخرى مثل التشريع الأمريكي لا يشترط أن تتبع جهات التصديق لسلطة عليا تابعة للدولة بل هي في معظمها جهات خاصة.

جهات التصديق بواسطة هـذه المفـاتيح مـن إنشـاء شـهادات التصـديق والمفتـاحين العـام والخاص للمشتركين لديها.

وهكذا فإن شهادة التصديق والتوقيع الإلكتروني الخاص بجهـة مـا، يـتم إنشـاؤهما بواسـطة المفتاح الشفري الجذري من قبل جهة التصـديق؛ لـذا واجـب أن تكـون هـذه المفـاتيح مـن الصعوبة حتى لا يتمكن أحد من معرفتها ومحاولـة تقليـدها في إنشـاء توقيعـات إلكترونيـة وشهادات تصديق مزورة.

٣- يجب استخدام أجهزة إلكترونية معينة: تشترط بعض التشريعات على جهات التصديق الإلكتروني حيازة أجهزة حاسب آلي ضمن مواصـفات معينـة، وذلـك لضـمان قـدرة تلـك الجهـات عـلى القيام بواجباتها مثل اشتراط أجهـزة معينـة لإنشـاء بيانـات التوقيـع، وأيضًـا أجهـزة لحفـظ البيانات الخاصة بالمشتركين ذات مواصفات معينة من شأنها حفظ سرية تلك البيانات.

٤- أن تستخدم جهات التصديق الإلكترونية بطاقات ذكيـة غـير قابلـة للاستنسـاخ ومحميـة بكلمـة سر ضمن مواصفات فنية معينة[1] تحقق الغاية من هذه البطاقات في حفظ بيانات إنشـاء التوقيـع الإلكتروني وشهادة التصديق الإلكتروني.

٤- يجب على جهات التصديق استخدام تقنية تسمح بالتحقق من صحة التوقيـع الإلكتروني وتحديد هوية صاحب التوقيع وأيضًـا يجـب أن تـوفر تلـك التقنيـة وبشكل فوري كشوفًا بالشهادات الموقوفة أو الملغاة.

(١) لمزيد من التفاصيل عن هذه المواصفات راجع الفقرة (ج) من الملحق الفني للائحة التنفيذية لقانون التوقيع الإلكتروني المصري.

٦- يجب استخدام نظام إلكتروني من شأنه الحفاظ على المعلومات والبيانات الخاصة بالمشتركين ضمن مواصفات معينة[١] تحددها السلطة العليا للتصديق الإلكتروني.

٧- يجب أن تتوافر القدرة لدى جهة التصديق الإلكتروني على إنشاء توقيعات إلكترونية ضمن الشروط الواجب توافرها بالتوقيع والتي يحددها القانون.

٨- يجب استخدام نظام من شأنه تحديد تاريخ وقت إنشاء الشهادات أو إيقافها أو تعليقها أو إلغائها.

٩- يجب استخدام نظام قادر على التحقق من الأشخاص المصدر لهم الشهادات والتحقق من صفاتهم المميزة.

١٠- إنشاء نظام لحفظ بيانات التوقيع طوال فترة ترخيص جهة التصديق فيما عدا مفاتيح الشفرة الخاصة بالموقع والتي لا يسمح الاحتفاظ بها دون موافقة خطية من صاحب المفتاح.

١١- يجب وجود نظام خاص من شأنه إيقاف صلاحية شهادة التصديق في حالات معينة مثل،انتهاء مدة صلاحية الشهادة، أو فقد المفتاح الخاص أو البطاقة الذكية أو عند عدم التزام المشترك لدى جهة التصديق ببنود العقد المبرم معها.

(١) راجع الفقرة (د) من الملحق الفني للائحة التنفيذية لقانون التوقيع الإلكتروني المصري.
والذي يحتوى على المواصفات الفنية الواجب توافرها بآي نظام حفظ للمعلومات.

ثانياً: المعلومات التي تحتويها شهادة التصديق:

المعلومات التي تحتويها شهادة التصديق وفقاً لقانون التوقيع الإلكتروني المصري [1] على نوعين: معلومات إجبارية ومعلومات اختيارية كما يلي:

أ- المعلومات الإجبارية:

١- ما يفيد صلاحية هذه الشهادة للاستخدام في التوقيع الإلكتروني.

٢- ذكر موضوع الترخيص الصادر لجهة الترخيص موضح فيه نطاقه ورقمه وتاريخ إصداره وفترة سريانه.

حيث تفيد هذه المعلومات، معرفة مدة سريان فترة الترخيص [2] وإن الشهادة الصادرة من جهة الترخيص هي ضمن تلك الفترة لأنه في حال إصدار شهادة تصديق بعد انتهاء مدة الترخيص لا يعتد بتلك الشهادة في توثيق التوقيع الإلكتروني.

٣- يجب ذكر اسم جهة التصديق التي أصدرت شهادة التصديق ومقرها والدولة التابعة لها إن وجدت.

٤- ذكر اسم الموقع الأصلي أو اسمه المستعار أو اسم شهرته.

٥- ذكر صفة الموقع هل هو صاحب التوقيع الأصلي أو مفوض عنه.

---

(١) المادة ٢٠ من اللائحة التنفيذية لقانون التوقيع الإلكتروني

(٢) مدة الترخيص لجهات التصديق الإلكتروني في جمهورية مصر العربية خمس سنوات قابلة للتجديد، وذلك حسب ما ورد في كراسة شروط ومتطلبات منح تراخيص تقديم خدمات التوقيع الإلكتروني الصادرة عن هيئة تنمية صناعة تكنولوجيا المعلومات التابعة لوزارة الاتصالات وتكنولوجيا المعلومات

٦- وجود المفتاح الشفري العام لصاحب الشهادة المنظار للمفتاح الشفري الخاص به.

٧- تاريخ بدء صلاحية الشهادة وتاريخ انتهائها.

٨- الرقم المتسلسل للشهادة.

٩- التوقيع الإلكتروني لجهة إصدار الشهادة " جهة الترخيص الإلكتروني".

يفيد وجود هذا التوقيع، الاستفسار عن جهة التصديق الإلكتروني، حيث يتمكن مستقبل شهادة التصديق الاستفسار عن جهة التصديق وعن توقيعها بنفس الطريقة التي يتحقق بها من صحة التوقيع الإلكتروني، فلكل جهة تصديق الإلكتروني جهة أخرى أعلى منها مرتبة يتم الاستفسار عن طريقها عن صحة توقيع جهة التصديق صاحبة الشهادة. وذلك باستخدام المفتاح العام الخاص بجهة التصديق في فك تشفير شهادة التصديق ومقارنة الصورة المصغرة للتأكد من أن المفتاح العام المعلن بالشهادة هو نظير المفتاح الخاص لمنشأ الشهادة، ومن ثم الاستفسار لدى جهة التصديق الأعلى عن صحة التوقيع وهوية جهة التصديق، وهذا الإجراء يستخدم عندما يستقبل طرف ما شهادة تصديق صادرة من جهة تصديق مجهولة بالنسبة له للاستفسار عن صحة الشهادة، فقد تكون مزورة وجهة التصديق تلك وهمية لا وجود لها. وأيضًا يستخدم هذا الأجراء للتأكد من أن جهة التصديق أصدرت تلك الشهادة خلال فترة الترخيص الممنوحة لها من قبل جهة التصديق الأعلى منها.

١٠- إنشاء موقع على شبكة الإنترنت يحتوي على قائمة الشهادات الموقوفة والملغاة، وذكر عنوان ذلك الموقع في شهادة التصديق، حتى يتم التأكد من أن شهادة التصديق الإلكترونية ليست من تلك القائمة.

وهذه المعلومات إجبارية بالنسبة لقانون التوقيع الإلكتروني المصري حيث لا تترتب الآثار القانونية لشهادة التصديق إن لم تشتمل عليها جميعها.

ب - المعلومات الاختيارية:

هناك بعض المعلومات التي يجوز ذكرها في شهادة التصديق. وتعتبر من المعلومات الاختيارية والتي لا يترتب على عدم ذكرها أية آثار قانونية.

وهذه المعلومات حددتها اللائحة التنفيذية لقانون التوقيع الإلكتروني(١) المصري بثلاث معلومات هي:

١- ذكر اختصاص الموقع والغرض الذي تستخدم فيه الشهادة.

٢- وضع حد معين لقيمة التعاملات المسموح بها بالشهادة.

٣- ذكر مجالات استخدام الشهادة.

هذا وبعد توضيح الشروط التقنية الواجب توافرها لدى جهة التصديق الإلكتروني والمعلومات الواجب ذكرها في شهادة التصديق الإلكتروني، يتضح أن الغاية هي التحقق من أن جهة التصديق قادرة على إنشاء توقيع إلكتروني يتوافر به شروط التوقيع التقليدي هذا من جانب، ومن جانب آخر للتحقق من هوية الموقع ومن هوية جهة التصديق. وهذه الغاية تتحقق عندما تكون جهة التصديق وطنية خاضعة لسلطة الدولة وتلتزم بتلك الشروط.

ولكن طبيعة المعاملات الإلكترونية عبر شبكة الإنترنت تتم في كثير من الأحيان بين أطراف موجودين في أكثر من دولة مما يؤدي إلى وجود توقيع إلكتروني

---

(١) المادة ٢٠ من اللائحة التنفيذية لقانون التوقيع الإلكتروني.

موثق بشهادة تصديق من قبل جهة تصديق أجنبية بالنسبة لأحد الأطراف قـد تتـوافر بهـا الشروط التي يتطلبها قانونه الوطني وقد لا تتوافر.

لهذا تطرقت بعض التشريعات لهذه القضية، وذلك من خـلال اشـتراط شـروط معينـة لأجـل الاعتراف بشهادات التصديق الأجنبية وبعضها الآخر [1] آثرت السكوت ولم تبد رأيًا.

ومن التشريعات التي فرضت شروطًا للاعتراف بشهادات التصـديق الأجنبيـة قـانون التوقيـع الإلكتروني المصري، وذلك من خلال المادة (٢١) من اللائحة التنفيذية للقانون. والتـي ذكرت عـدة شروط يكفي تحقق أحدها للاعتراف بشهادة التصديق الأجنبية فاشترطت تلك المـادة ضرورة تـوفر الشروط التقنية والفنية الواردة في اللائحة التنفيذية للقانون لـدى جهـة التصـديق الأجنبيـة أو أن يكون لدى جهة التصديق الأجنبيـة وكيـل في جمهوريـة مصر ـ العربيـة مـرخص لـه بمزاولـة إصـدار شهادات التصديق وأن يكفل تلك الجهة التي هو وكيل عنها فيما تصدره من شهادات تصديق وفيما هو مطلوب من اشتراطات وضمانات أو أن تكون هناك اتفاقية دولية نافذة في مصر ـ عـلى اعتمـاد جهات تصديق أجنبية وتلك الجهة مـن ضمنها أو أن تكـون جهـة الترخيص الأجنبيـة معتمـدة أو مرخص لها من قبل جهة الترخيص في بلـدها، وبشرط أن يكـون هنـاك اتفـاق بـين جهـة الترخيص الأجنبية وهيئة تنمية صناعة تكنولوجيا المعلومات في مصر على ذلك.

---

(١) مثل قانون التوقيع الإلكتروني للولايات المتحدة الأمريكية. فلـم يـرد في نصوصه أي بنـد بخصوص الاعتراف بشهادات التصديق الأجنبية أم لا.

فيكفي تحقق أحد هذه الشروط للاعتراف بشهادات التصديق الأجنبية، أما في حالة عدم تحقق أي شرط من تلك الشروط فإن التوقيع الإلكتروني بالنسبة للقانون المصري يفقد أحد شروطه وهو ارتباطه بشهادة تصديق نافذة من قبل جهة مرخص لها أو معتمدة.

ومن التشريعات[١] التي حددت شروط للاعتراف بشهادات التصديق الأجنبية أيضًا، قانون إمارة دبي للمعاملات والتجارة الإلكترونية، وذلك من خلال المادة ٢٦ والتي تتطلب للاعتراف بشهادات التصديق الأجنبية أن تتوافر لدى جهة التصديق الأجنبية مستوى يوازي على الأقل الشروط التي يتطلبها القانون لجهات التصديق الوطنية بغض النظر عن مكان تواجد تلك الجهة، فمتى ما كانت تلك الجهة تتوافر لديها الشروط التي يتطلبها القانون أو بمستوى موازٍ لها يتم الاعتراف بها ويعتبر التوقيع الإلكتروني المرتبط بتلك الشهادة مكتمل الشروط.

(١) وأيضًا قانون المعاملات الإلكترونية الأردني في المادة ٣٤ والتي أجازت للأطراف الاتفاق على اعتماد جهات تصديق أجنبية.
حيث نصت تلك المادة على أنه: "تكون شهادة التوثيق التي تبين رمز التعريف معتمدة في الحالات التالية:
أ - صادرة عن جهة مرخصة أو معتمدة.
ب- صادرة عن جهة مرخصة من سلطة مختصة في دولة أخرى ومعترف بها.
ج- صادرة عن دائرة حكومية أو مؤسسة أو هيئة مفوضة قانونا بذلك.
د- صادرة عن جهة وافق أطراف المعاملة على اعتمادها".
وأيضًا اشترط قانون المبادلات والتجارة الإلكترونية التونسي شرطا واحدًا للاعتراف بشهادات التصديق الأجنبية، وهو أن يتم الاعتراف بجهة التصديق من خلال اتفاقية اعتراف متبادل تبرمها الوكالة الوطنية للمصادقة الإلكترونية. انظر المادة (٢٣) من القانون.

هذا في حالة عدم وجود اتفاق بين الأطراف، أما إذا كان هناك اتفاق بين الأطراف على اعتماد شهادات تصديق من جهات أجنبية معينة فيولى الاعتبار لإرادة الأطراف ويعترف القانون سابق الذكر بالقيمة القانونية لتلك الشهادات، أما في حالة عدم وجود مثل هذا الاتفاق يصار إلى مدى تمتع تلك الجهات بالشروط التي يتطلبها القانون[1].

واشتراط بعض التشريعات شروطًا معينة يجب أن تتقيد بها جهة الترخيص يقابله مسئولية قانونية عند عدم الالتزام بأحد تلك الشروط.

فالشروط الواردة في تلك القوانين هي عبارة عن التزامات تلتزم بها جهة الترخيص وإخلالها بأحد هذه الالتزامات يعرضها للعقوبة المنصوص عليها في ذلك القانون والتي قد تكون الغرامة أو الحبس؛ لذا تلزم تلك التشريعات جهات

(١) يلاحظ أن قانون إمارة دبي للمعاملات والتجارة الإلكترونية قد تأثر بشكل كبير بنموذج قانون الأونسيترال بشأن التوقيعات الإلكترونية سواء من حيث الشروط الواجب توافرها في جهات التصديق أومن حيث الاعتراف لجهات التصديق الأجنبية، فالمادة الخاصة بالشروط الواجب توفراها لدى جهات التصديق تكاد تكون نفس المادة (٩) والمادة (١٠) من نموذج قانون الأونسيترال الخاصة بالشروط الواجب توافرها لدى جهات الترخيص، وهذه الشروط عندما نص عليها نموذج القانون كان الهدف منها أن تكون معيارا دوليا لقياس جدارة أي جهة تصديق وأيضًا عند رغبة الدول في سن تشريعات تتعلق بالتوقيعات الإلكترونية يجب أن تشكل هذه الشروط الحد الأدنى من الشروط الواجب توافرها بجهات التصديق. وأيضًا بالنسبة للاعتراف بجهات التصديق الأجنبية كانت المادة ٢٦ من قانون أمارة دبي والخاصة بالاعتراف بشهادات التصديق الأجنبية متأثرة شكل كبير بالمادة ١٢ من نموذج قانون الأونسيترال. ولمزيد من التفاصيل بشأن ذلك راجع المواد ٢٤، ٢٦ من قانون أمارة دبي للمعاملات والتجارة الإلكترونية وأيضًا راجع المواد ٩، ١٠، ١٢ من نموذج قانون الأونسيترال بشأن التوقيعات الإلكترونية.

التصديق بإيداع مبلغ[١] معين لدى جهة الرقابة على جهات التصديق يكون الغرض منه تعويض المتضررين نتيجة إهمال أو أخطاء جهات التصديق.

ومن الأخطاء المتصور حدوثها الخطأ في تسجيل معلومات المشترك والتي قد يترتب عليها تعامل الأطراف الأخرى بناء على تلك المعلومات الخاطئة والتي قد تلحق بهم الضرر. وأيضًا الإهمال في إيقاف شهادة منتهية المدة وتعامل الأطراف الأخرى معها على أنها سارية المفعول وأيضًا عدم إبلاغ الأطراف المتعاملة مع صاحب الشهادة بأن المفتاح الخاص لصاحب الشهادة قد فقد مع تسلمها بلاغ بذلك من صاحب المفتاح الخاص، ولكنها لم تقم بواجبها بإبلاغ الأطراف الأخرى، وذلك عند استفسارهم لديها عن هوية الموقع وعن صحة التوقيع مما يؤدى إلى تعامل تلك الأطراف مع شخص آخر ينتحل شخصية صاحب التوقيع مما قد يلحق بهم الضرر.

وأيضًا قد تتعمد جهة التصديق مخالفة القانون كأن تمارس نشاط التصديق الإلكتروني دون ترخيص أو تستمر في أداء ذلك النشاط بعد انتهاء مدة الترخيص أو أن تندمج مع جهة تصديق أخرى دون إبلاغ الجهة المسئولة عن الترخيص أو أن يقوم أحد موظفيها باستخدام توقيع إلكتروني يعود لأحد المشتركين أو أن تقوم بإفشاء الأسرار المؤتمنة عليها مثل المعلومات الشخصية للمشتركين أو بيانات إنشاء التوقيع الإلكتروني أو تقوم بإنشاء توقيعات إلكترونية بأسماء وهمية؛ لذا تحرص

---

(١) على سبيل المثال تلزم هيئة تنمية صناعة تكنولوجيا المعلومات في جمهورية مصر العربية " وهى الجهة الرقابية على جهات التصديق" جهات التصديق الإلكتروني الراغبة في الحصول على رخصة داخل مصر- إيداع مبلغ ٢٥٠.٠٠٠ مائتان وخمسون ألف جنيه مصري أو بخطاب ضمان صادر من أحد مصارف الدرجة الأولى. ولمزيد من التفصيل راجع كراسة شروط ومتطلبات منح تراخيص تقديم خدمات التوقيع الإلكتروني لدى الهيئة.

التشريعات النص على عقوبات معينة لتلك الجرائم، وقد يتم النص عليها في نفس القانون الخاصة بتنظيم التوقيع الإلكتروني أو في قوانين أخرى مثل القانون الخاص بتنظيم التجارة الإلكترونية أو قانون حماية البيانات الشخصية.

المبحث الثالث

حجية المحررات الإلكترونية في الإثبات

تقسيم:

المعاملات الإلكترونية عبر الإنترنت عديدة ومتنوعة وتكاد تشمل جميع المعاملات التي تسمح طبيعتها إجرائها عن طريق شبكة الإنترنت. ويمكن حصر هذه المعاملات من حيث طبيعة النشاط في ثلاثة أنواع:

* معاملات ذات طابع تجاري.

* معاملات ذات طابع مدني.

* معاملات مختلطة تعتبر مدنية لأحد طرفيها وتجارية بالنسبة للطرف الآخر.

والتشريعات المنظمة للإثبات اختلفت في وسائل إثبات المعاملات فاشترطت الإثبات بالكتابة لبعض المعاملات وأوردت استثناء، والبعض الآخر يتم إثباته بكافة طرق الإثبات التي تحددها تلك التشريعات.

لذا فأن الدراسة تقتضي توضيح المعاملات الإلكترونية التي يشترط إثباتها بالكتابة ومتى تستوفي هذا الشرط والمعاملات الإلكترونية التي يتم إثباتها بكافة طرق الإثبات والاستثناء من شرط الإثبات بالكتابة، وذلك من خلال تقسيم هذا المبحث إلى مطلبين كتالي:

المطلب الأول: الإثبات بالكتابة.

المطلب الثاني: الاستثناء من شرط الإثبات بالكتابة.

المطلب الأول

الإثبات بالكتابة

أخذ المشرع في كل من مصر والأردن بمبدأ حرية الإثبات في المواد التجارية وفي التصرفات التي لا تزيد قيمتها عن مبلغ معين. ولقد ورد نص المادة ١/٦٠ من قانون الإثبات المصري بأنه:

"في غير المواد التجارية إذا كان التصرف القانوني تزيد قيمته على خمسمائة جنيه أو كان غير محدد القيمة فلا تجوز شهادة الشهود في إثبات وجوده أو انقضائه ما لم يوجد اتفاق أو نص يقضي بغير ذلك[1] ".

ويتضح من النص السابق أنه في المعاملات التجارية بصفة عامة وفي التصرفات التي لا تزيد قيمتها عن خمسمائة جنيه يستطيع المدعي إثبات التصرفات القانونية بكافة طرق الإثبات مثل شهادة الشهود أو القرائن القضائية أو الخبرة أو المعاينة.

(١) يقابل هذا النص. نص المادة ٢٨/أ من قانون البينات الأردني رقم ٣٠ لسنة ١٩٥٢ والمعدل رقم ٣٧ لسنة ٢٠٠١م. والتي قضت بأنه " إذا كان الالتزام التعاقدي في غير المواد التجارية تزيد قيمته على مائة دينار أو كان غير محدد المقدار فلا تجوز الشهادة في إثبات وجود الالتزام أو البراءة منه ما لم يوجد اتفاق أو نص يقضي بغير ذلك". انظر نصوص القانون منشورة في الجريدة الرسمية عدد ٤٥٠١ صفحة ٣٣٠ تاريخ ٢٠٠١/٨/١٦م.

وتبني المشرع لحرية الإثبات في المعاملات التجارية[1] يعود لطبيعة تلك المعاملات وما تتطلبه من ضرورة تبسيط إجراءات التعاقد في شأنها وتبسيط طرق إثبات تلك التعاقدات[2].

فمتى ما كان أطراف المعاملة تجارًا وكان التصرف يتعلق بالأعمال التجارية فإن مبدأ حرية الإثبات يحكم إثبات وجود التصرف بالنسبة لأطرافه حيث يستطيع أطراف ذلك التصرف إثباته بكافة طرق الإثبات التي يحددها القانون.

أما إذا كان التصرف مختلطًا بان يكون مدنيا بالنسبة لأحد طرفية، وتجاريا بالنسبة للطرف الآخر. فهذه التصرفات تختلف طرق إثباتها بحسب المطلوب الإثبات في مواجهته فإذا كان الإثبات مطلوبا في مواجهة الطرف المدني، فلا يجوز إثبات التصرف ألا بالكتابة إذا كانت قيمته تزيد عن القيمة التي حددها القانون، إما إذا كان الإثبات مطلوبا في مواجهة الطرف التجاري، جاز إثبات التصرف بكافة طرق الإثبات التي يحددها القانون[3].

(١) ولتمييز الأعمال التجارية عن الأعمال الأخرى تعمد معظم التشريعات إلى بيان الأعمال التجارية ضمن نصوص القوانين التجارية مثل نص المادة الرابعة من قانون التجارة المصري الجديد رقم١٧ لسنة ١٩٩٩م. (الجريدة الرسمية العدد ١٩ مكرر في ١٩٩٩/٥/١٧م. والتي نصت على أنه "يعد عملا تجاريًا أ- شراء المنقولات أيا كان نوعها بقصد بيعها أو تأجيرها بذاتها أو بعد تهيئتها في صورة أخرى وكذلك بيع أو تأجير هذه المنقولات. ب- استئجار المنقولات بقصد تأجيرها وكذلك تأجير هذه المنقولات. ج- تأسيس الشركات التجارية".
(٢) مفلح عواد القضاة - البينات في المواد المدنية التجارية - دراسة مقارنة مرجع سابق ص ١٢٦.
(٣) د. محمد لبيب شنب - دروس في الإثبات - مرجع سابق - ص ١٥٨

وإذا كانت التصرفات القانونية والتي تستعمل الوسائل الإلكترونية لتنفيذها في غير المواد التجارية وتزيد قيمتها عن المبلغ الذي حدده القانون أو كانت غير محددة القيمة أو كانت عقود تم إنشاؤها بواسطة تلك الوسائل وكانت من العقود أو المعاملات التجارية التي يشترط القانون الكتابة لإثباتها. فإن هذه المعاملات الإلكترونية تستوفي شرط الكتابة متى ما توافرت بها الشروط التي يحددها القانون للكتابة الإلكترونية.

فعلى سبيل المثال متى ما تمت معاملة بوسائل إلكترونية ولم تكن تمتع بالصفة التجارية، وكانت قيمة المبلغ تتجاوز خمسمائة[1] جنيه مصري وكان القانون المصري هو الواجب التطبيق، فإن هذه المعاملة يجب أن تتوافر بها الشروط الواردة في قانون التوقيع الإلكتروني المصري ولائحته التنفيذية حتى تمتع بالحجية في الإثبات أما في حالة عدم توافر أحد أو جميع تلك الشروط بها فلا يتحقق بها شرط الكتابة الذي يتطلبه القانون.

ولا يتم إثباتها بوسائل الإثبات الأخرى مثل شهادة الشهود أو الخبرة أو المعاينة إلا إذا توافرت بها حالة من حالات الاستثناء التي يحددها القانون أو كان هناك اتفاق بين أطراف المعاملة على وسائل إثبات معينة.

لذا فإن دور القاضي بالنسبة للتشريعات التي تشترط شروطًا معينة للكتابة الإلكترونية هو التحقق من مدى توافر تلك الشروط بالمعاملة المعروضة أمامه. أما بالنسبة للتشريعات التي لم تحدد شروطًا معينة للكتابة الإلكترونية فإن القاضي في

(١) ورد نص المادة ٦٠ من قانون الإثبات المصري على أنه " في غير المواد التجارية إذا كان التصرف القانوني تزيد قيمته على خمسمائة جنية مصري أو كان غير محدد القيمة، فلا تجوز شهادة الشهود في إثبات وجوده أو انقضائه ما لم يوجد اتفاق أو نص يقضي بغير ذلك".

ظل هذه التشريعات يتمتع بسلطة تقديرية للتأكد من جدارة التقنية المستخدمة في إنشاء المعاملة ومدى قدرتها في تحقيق شروط الكتابة التقليدية.

والقواعد الموضوعية في الإثبات يجوز الاتفاق بين الأطراف على خلافها في معظم التشريعات [١] فإذا ما كان هناك اتفاق بين أطراف المعاملة الإلكترونية على وسائل معينة للإثبات في المعاملات التي يشترط القانون الكتابة لإثباتها، وكان القانون من ضمن التشريعات التي تجيز الاتفاق على وسائل إثبات معينة فيتم إثبات تلك المعاملات من خلال الوسائل المتفق عليها بينهم. وهذا ما يجري عليه العمل لدى المصارف مع عملائها، بالاتفاق على وسائل إثبات معينة لإثبات المعاملات الإلكترونية التي تتم بين المصرف والعميل [٢].

---

(١) مثل قانون الإثبات المصري انظر المادة ٦٠ وقانون البينات الأردني رقم ٣٠ لسنة ١٩٥٢ انظر الفقرة الأولى من المادة ٢٨ والتي أجازت الاتفاق بين الأطراف على وسائل إثبات معينة وذلك من خلال عبارة " ما لم يوجد اتفاق أو نص يقضي بغير ذلك... " الواردة في كلا القانونين.

(٢) لمزيد من التفاصيل راجع. د. ثروت عبد الحميد -التوقيع الإلكتروني - مرجع سابق ص ٩٨ وما بعدها.

المطلب الثاني

الاستثناء من شرط الإثبات بالكتابة

إن معظم التشريعات تجيز إثبات ما يجب إثباته بالكتابة بواسطة وسائل الإثبات الأخرى ضمن ظروف معينة تحيط بأطراف المعاملة تجعل الحصول على دليل كتابي أمرًا صعبًا وهو ما يعبر عنه بالاستثناءات من شرط الكتابة.

وتكاد تجمع معظم التشريعات على حالات ثلاث إذا تحققت أحدها يمكن إثبات ما يجب إثباته بالكتابة بكافة طرق الإثبات الأخرى، وهذه الحالات سوف أتناولها فيما يلي من خلال ثلاث نقاط كالتالي:

أولا: مبدأ الثبوت بالكتابة:

ورد نص المادة ٦٢ من قانون الإثبات المصري بأنه: "يجوز الإثبات بشهادة الشهود فيما كان يجب إثباته بالكتابة إذا وجد مبدأ ثبوت بالكتابة، وكل كتابة تصدر من الخصم ويكون من شأنها أن تجعل وجود التصرف المدعى قريب الاحتمال تعتبر مبدأ ثبوت بالكتابة"[(١)].

ويتضح من هذا النص وجوب توافر ثلاثة شروط حتى يوجد مبدأ ثبوت بالكتابة وهي:

(١) ويقابل هذا النص نص الفقرة الأولى من المادة ٣٠ من قانون البينات الأردني والتي نصت على "يجوز الإثبات بالشهادة في الالتزامات التعاقدية حتى لو كان المطلوب تزيد قيمته على مائة دينار: ١- إذا وجد مبدأ ثبوت بالكتابة. ومبدأ الثبوت بالكتابة هو كل كتابة تصدر عن الخصم ويكون من شأنها أن تجعل المدعي به قريب الاحتمال".

أ) أن توجد الكتابة:

ولا يشترط القانون أي شكل للكتابة، فمن الممكن أن تكون على الورق أو على دعامة إلكترونية حتى تعتبر مبدأ ثبوت الكتابة إذا توافرت بها الشروط الأخرى.

ولا يشترط أن تكون عرفية أو رسمية، ولا يشترط أيضًا أن تكون ورقة واحدة بل من الممكن أن تستخلص من عدة أوراق لا تكفي إحداها لأن تكون دليلا كاملا. وأيضًا لا يشترط أن تكون معدة للإثبات أو موقعة.

ب) أن تصدر الكتابة عن الخصم:

يجب أن تكون الكتابة صادرة عن الخصم المدعى عليه وتكون صادرة عنه متى ما كانت بخط يده أو موقعة منه أو صادرة عن من يمثله، مثل وكيله ضمن حدود الوكالة.

فحتى تنسب الكتابة للمدعى عليه يجب صدورها منه أو من يمثله، هذا الأصل، إلا أنه هناك بعض الأوراق يمكن اعتبارها صادرة عن المدعى عليه رغم كونها ليست بخط يده ولا موقعة منه أو ممن يمثله، وهي الأوراق الرسمية كمحضر الجلسات إذا تضمنت أقوال للمدعى عليه لا ترقى إلى درجة الإقرار ولكنها تجعل المدعى به قريب الاحتمال.

ولقد ذهبت محكمة التمييز الأردنية[1] إلى القول بأن الإقرار غير الكامل يقوم مقام مبدأ الثبوت بالكتابة يجيز لمن تقرر لمصلحته تقديم البينة الشخصية لإثبات دعواه وفي هذا تقول ما يلي:

"إذا اقر المدعى عليهم وقوع عقد البيع المدعى به فإن البينة الشفوية مقبولة لإثبات مضمون هذا العقد استنادًا للفقرة الأولى من المادة ٣٠ من قانون البينات. لأن لمثل هذا الإقرار حكم مبدأ الثبوت بالكتابة على أساس أنه إقرار غير كامل يجعل وجود الأمور المراد إثباتها قريبة الاحتمال".

وإنني أؤيد ما ذهبت إليه محكمة التمييز بأن إقرارات المدعى عليهم التي يدعون بها وتكون تحت أشراف موظف مختص أو قاض يأمر بإثباتها يكون حكمها حكم المحررات الصادرة منهم. ولو لم تكن مدونة بخطهم أو موقعا عليها منهم. شريطة أن يكون الموظف مختصا لتلقي مثل هذه الإقرارات. وأن يكون للقاضي ولاية الأمر بإثباتها. وغني عن البيان أن صدور مثل هذه الإقرارات من الخصوم على هذا الوجه يكون بمنزلة مبدأ الثبوت بالكتابة إذا كان من شأنه أن يجعل الالتزام المدعى به قريب الاحتمال.

ج) أن تجعل وجود المدعى به قريب الاحتمال:

والشرط الثالث لمبدأ الثبوت بالكتابة هو أن تجعل الكتابة الأمر المدعى به قريب الاحتمال، ذلك أن إجازة الإثبات بواسطة الشهود ما يجب إثباته بالكتابة هو

---

(١) تمييز حقوق رقم ٥٩/٥٢ ص ٧٩٥ عدد ١١ سنة ١٩٨١م.

لوجود دليل ناقص، فإذا كانت تلك الكتابة تؤدى لنفي الواقعة محل الإثبات نفيًا قاطعًا فلا تعتبر مبدأ ثبوت بالكتابة.

وهكذا فالرسالة التي يذكر فيها المدين أنه مدين دون أن يذكر مقدار الدين تجعل مديونيته قريبة الاحتمال.

أما عن تقدير كون المدعى به قريب الاحتمال فيرى القضاء إن هذه المسالة تخضع لسلطة وتقدير قاضي الموضوع ولقد قررت محكمة التمييز الأردنية أن تقدير الورقة التي يراد اعتبارها مبدأ ثبوت بالكتابة، تجعل المدعى به قريب الاحتمال هو اجتهاد في فهم الواقع تستقل به محكمة الموضوع دون تدخل فيما قضت به من هذه الناحية من محكمة التميز[١].

وهكذا فإن مبدأ الثبوت بالكتابة هو مبدأ للخروج عن الأصل. فالأصل الإثبات بالكتابة إلا أنه وضمن الشروط السابقة يجوز الخروج عن ذلك الأصل والإثبات بواسطة الشهود.

وبالنسبة للمعاملات الإلكترونية يمكن أن تستفيد من هذا الاستثناء[٢] متى ما توافرت بها تلك الشروط. فمتى ما أعدت تلك المعاملات بطريقة تتوافر بها الشروط الواجب توافرها بالتوقيع الإلكتروني من حيث عدم إمكانية تعديلها أو

---

(١) تمييز حقوق رقم ٨١/٢٣٤ ص ١٩ سنة ١٩٨١م.

(٢) د. ثروت عبد الحميد -التوقيع الإلكتروني - مرجع سابق ص ١٣١، د. بشار طلال المومني - حجية التعاقد عبر الإنترنت " دراسة مقارنة" - بحث -مؤتمر القانون والحاسوب - في الفترة ١٢-١٤/تموز/٢٠٠٤، جامعة اليرموك- الأردن ص١.

الإضافة عليها دون كشف ذلك وأيضًا تحديد هوية صاحب التوقيع وغيرها من الشروط.

فعلى سبيل المثال، إذا كانت هناك رسالة إلكترونية موقع عليها ومرتبطة بشهادة تصديق صادرة من جهة مرخص لها وسارية المفعول تذكر أن صاحبها مدين دون ذكر مقدار المديونية. فإن هذه الرسالة والتي يتحقق بها الشروط الواجب توافرها بالتوقيع الإلكتروني، تعد مبدأ ثبوت بالكتابة حيث يمكن تكملة ذلك الدليل وتحديد مقدار الدين بواسطة الشهود، وذلك لتوافر جميع الشروط التي يتطلبها القانون في مبدأ الثبوت بالكتابة فهي رسالة مكتوبة، ويمكن نسبتها للمدعى عليه دون أدنى شك وهي تجعل المدعي به قريب الاحتمال.

أما في حالة عدم توافر الشروط الخاصة بالتوقيع الإلكتروني فلا يتحقق ذلك المبدأ إلا في حالة إقرار المدعى عليه أمام القضاء بوجود الالتزام حيث يعتبر هذا الإقرار مبدأ ثبوت بالكتابة. أو إذا أمكن إثبات صدور المحرر الإلكتروني من الخصم بطريقة لا تقبل الشك مثل حيازة ذلك المحرر لدى المدعى عليه بطريقة آمنة، كأن يوجد داخل نظام إلكتروني مخزن على جهاز الحاسب الآلي الخاص بالمدعى عليه ولا يستطيع أحد الاطلاع عليه سواه، فمن الممكن أن يكون لدى المدعي عليه نظام يحوي قوائم من ضمنها قائمة للمديونية تشمل أسماء الأشخاص الدائنين له ومن ضمنهم اسم المدعي. وهذا النظام مخزن على جهاز حاسب آلي يعود للمدعى عليه ولا يمكن الدخول لمحتويات ذلك النظام من دون رقم سري لا يعلمه إلا المدعى عليه، فذلك يشير بدون أدنى شك أن ذلك المحرر قد أنشئ بواسطة المدعى عليه.

ثانيًا: المانع من الحصول على دليل كتابي:

ورد نص المادة ٦٣/أ من قانون الإثبات المصري بأنه يجوز الإثبات بشهادة الشهود فيما كان يجب إثباته بالكتابة:" أ- إذا وجد مانع مادي أو أدبي يحول دون الحصول على دليل كتابي...".

يتضح من هذا النص أنه يمكن الإثبات بالشهود ما يجب إثباته بالكتابة إذا توافر مانع مادي أو مانع أدبي.

والمانع المادي قد يكون سببه الطبيعة مثل الكوارث الطبيعية[١] من براكين وزلازل وحرائق وغيرها، أو أن يكون طالب الإثبات شخصًا ثالثًا لم يكن طرفًا بالعقد، مثل إثبات صورية عقد ما. فيستطيع المدعي إثبات أن العقد صوري بجميع طرق الإثبات حتى لو كان العقد من العقود الواجب إثباتها بالكتابة لأن الإثبات بالكتابة يقع على عاتق أطراف العقد.

والموانع المادية كثيرة لا سبيل لحصرها هنا، ولكنها تشترك بالاستحالة، بمعنى أنها تؤدى إلى استحالة الحصول على دليل كتابي.

أما المانع الأدبي فهو وجود علاقة بين طرفين تمنع من الناحية الأدبية الحصول على دليل كتابي، وهذه العلاقة قد تكون علاقة قربى، أو زواج، أو علاقة المصاهرة.

إلا أن الأفراد في مجتمع ما، ليسوا بنفس الطبيعة فقد يكون منهم من اعتاد على توثيق تلك الوقائع. فقد يكون الزوج اعتاد أن يطلب ذلك الدليل من زوجته وكذلك الزوجة؛ لذا فإن القاضي يستخلص من ظروف بعض الدعاوى أنه رغم

---

(١) د. محمد لبيب شنب - دروس في الإثبات- مرجع سابق - ص ١٣٦.

توافر صلة قرابة إلا أنه لم يكن هناك ما يمنع الدائن وقت نشوء الدين من مطالبة المدين بدليل كتابي. كما لو ثبت للقاضي سبق حصول معاملات بين الاثنين من نفس نوع المعاملة موضوع النزاع، وأن الدائن في المعاملات السابقة كان يحرص دائما على الحصول من مدينة على دليل كتابي[1].

والتساؤل الذي يتبادر للذهن هل يمكن إعمال هذا الاستثناء عند إنجاز المعاملة عن طريق شبكة الإنترنت؟.

بالنسبة للمانع المادي. عدم توافر عنصر الاستحالة[2] في الحصول على دليل كتابي سواء كانت استحالة تقنية أو استحالة بسبب ظروف طبيعية. فبعد ظهور تقنية تحقق الشروط الواجب توافرها في المحرر العادي بالمحرر الإلكتروني مثل تقنية المفتاح العام انتهت الاستحالة التقنية، ولا يستطيع أحد التعذر بالتقنية في عدم الحصول على دليل كتابي إلكتروني بالشروط التي يتطلبها القانون. وأيضًا لا يمكن التعذر بالظروف الطبيعية مثل البراكين أو الزلازل أو الحرائق في عدم الحصول على دليل كتابي على تصرف ما. لأن المعاملات الإلكترونية تتم بواسطة وسائل إلكترونية وأن تأثير الظروف الطبيعية على الوسائل الإلكترونية تؤدى إلى عدم إتمام التصرف. فمثلا لو شب حريق في مبنى متواجد فيه أحد أطراف المعاملة أثناء قيامه بإجراء تصرف مع طرف آخر من خلال الحاسب الآلي عبر شبكة الإنترنت، فإذا أتم التصرف فإنه في الوقت ذاته يحصل على دليل كتابي يستطيع الاحتفاظ به على أسطوانة ممغنطة أو يرسل نسخة منه إلى بريده الإلكتروني حيث يحفظ على جهاز

---

(١) د. محمد لبيب شنب - دروس في الإثبات- مرجع سابق - ص ١٣٧.

(٢) د. حسن عبد الباسط جميعي- إثبات التصرفات القانونية التي يتم إبرامها عن طريق الإنترنت - مرجع سابق - ص٦٥.
د. ثروت عبد الحميد – التوقيع الإلكتروني - مرجع سابق ص ١٣٤.

حاسب آلي بعيد عن مكان الحريق. وإذا أدى الحريق إلى تعطل الوسائل الإلكترونية قبل إتمام التصرف، فلا يكون هناك تصرف محتاج إلى إثبات.

وأما بالنسبة للمانع الأدبي. فإنني أرى أنه لا يتحقق في المعاملات الإلكترونية عبر شبكة الإنترنت، وذلك لأن هذا المانع يعتمد على الاعتبارات الأدبية بين أطراف المعاملة، وفي النظر للغاية من الكتابة في المعاملات التقليدية، والغاية من الكتابة في المعاملات الإلكترونية يتضح تحققهما في الأولى وعدم تحققهما في الثانية.

فالغاية من الكتابة في المعاملات التقليدية هي تهيئة دليل إثبات؛ لذا فقد يكون في بعض العلاقات تأثير كبير للمانع الأدبي. أما في المعاملات الإلكترونية فإن الغاية من الكتابة بالشروط التي يتطلبها القانون بالإضافة لتهيئة دليل إثبات هناك غايات أخرى لا يكون للمانع الأدبي تأثير في إجرائها. فعلا سبيل المثال عند التعامل بين الأزواج أو الأقارب بواسطة الوسائل الإلكترونية عبر شبكة الإنترنت فإن استخدام الكتابة الإلكترونية أو التوقيع الإلكتروني ضمن الشروط التي يتطلبها القانون، يحقق عدة غايات منها التحقق من أن المحرر الإلكتروني لم يطرأ عليه تغيير أثناء إرساله واستقباله عبر شبكة الإنترنت لأنه من الممكن أن يتعرض المحرر الإلكتروني لتتغير أو الاطلاع من قبل البعض أثناء تواجده على شبكة الإنترنت والعمل على توفير الشروط التي يتطلبها القانون في التوقيعات الإلكترونية أو الكتابة الإلكترونية تعمل على كشف أي تغيير يطرأ عليه، وأيضًا استخدام تلك الشروط يحقق غاية التأكد من هوية مرسل المحرر حتى لو كان أطراف العلاقة تربطهم صلة قرابة؛ لأنه من الممكن أن يفقد أو يزور التوقيع الإلكتروني للمرسل أو المستقبل وإجراء المحرر أو التوقيع من خلال الشروط التي يتطلبها القانون يؤدي

إلى التحقق التام من شخصية الطرف الآخر على شبكة الإنترنت وأنه هو فعلا من أرسل المحرر ولم يزوِّر توقيعه أو لم يفقد.

لذا فإن مثل هذه الإجراءات لا يكون للمانع الأدبي تأثير في أجرائها فيستطيع الزوج مثلاً الطلب من زوجته إلحاق توقيعها الإلكتروني على كل رسالة الإلكترونية ترسلها لغايات التأكد من أن الرسالة صادرة منها بالفعل ولم يطرأ عليها أي تغيير، دون تأثير يذكر للمانع الأدبي هنا. وهذه الإجراءات تؤدى بدورها للحصول على دليل كتابي كامل أيضًا.

لذا فإن المعاملات الإلكترونية عبر شبكة الإنترنت لا تستفيد من هذا الاستثناء ولا يمكن التعذر بالمانع المادي أو الأدبي في عدم الحصول على دليل كتابي في المعاملات التي يتطلب القانون الكتابة لإثباتها.

وأيضًا المحرر الكتابي التقليدي لا يستفيد من هذا الاستثناء في حالة كون الكتابة ركنًا شكليًا وليست للإثبات فقط مثل العقود التي يتطلب القانون لها شكلا معينًا وتكون الكتابة ركنًا من أركان العقد ولا يمكن التعذر بالمانع المادي أو الأدبي في عدم وجودها.

ثالثًا: فقد الدليل الكتابي:

ورد نص المادة ٦٣/ب من قانون الإثبات المصري[1] بأنه يجوز الإثبات بشهادة الشهود فيما كان يجب إثباته بالكتابة: " إذا فقد الدائن سنده الكتابي بسبب أجنبي لا يد له فيه ".

ويفترض في هذا الاستثناء أن الدائن كان لديه سند مكتوب. وفقًا لما تقضي به قواعد الإثبات عند إنشاء التصرف. إلا أن هذا السند فقد منه بسبب لا يد له فيه

(١) ويقابل هذا النص نص الفقرة الثالثة في المادة ٣٠ من قانون البيات الاردني.

ويتضح من ذلك ضرورة توافر شرطين لجواز الإثبات بالشهادة في حالة فقدان السند الكتابي هما:

١- وجود السند الكتابي.

٢- فقد السند الكتابي لسبب أجنبي[1]

فيجب على المكلف بالإثبات أن يثبت توافر هذين الشرطين حتى يستفيد من هذا الاستثناء فيجب عليها إثبات وجود الدليل الكتابي الكامل لأن هذا الاستثناء لا يسري إذا كان الدليل هو مبدأ الثبوت بالكتابة فالقانون لا يحمي المدعي إذا كان مقصرًا في الحصول على الدليل الكتابي الكامل، وبعد إثبات إنشاء السند الكتابي بالصورة التي يتطلبها القانون يجب على المكلف بالإثبات إثبات فقد هذا السند عن طريق سبب أجنبي لا يد له فيه. وهذا السبب قد يكون القوة القاهرة كالحريق أو الفيضان أو بفعل الغير كفقده من المحامي أو المحكمة بعد تسليمه لها.

وإذا كان الدليل قد أعد بواسطة الوسائل الإلكترونية، فإنني أرى صعوبة تحقق هذا الاستثناء به، لأن المعاملة الإلكترونية يمكن أخذ عدة نسخ عنها بسهولة

(١) أن الاستثناء الخاص بالمانع الأدبي والمادي يجيز الإثبات بشهادة الشهود فيما تجاوز قيمة معينة في الحالات التي يوجب القانون الكتابة لإثباتها. إلا أن الاستثناء الخاص بفقد السند الكتابي أوسع شمولا. فهو بالإضافة إلى الحالة السابقة يجيز الإثبات بشهادة الشهود في التصرفات الشكلية التي تعتبر الكتابة ركنًا فيها، وذلك لأنه يفترض أن الشكلية قد استوفيت عند إنشاء السند ثم فقد بعد ذلك.

وفي وقت قصير، ومن الممكن حفظها في عدة أماكن مثل حفظ نسخه بالبريد الإلكتروني أو على قرص ممغنط، فإذا فقدت إحداها تبقى الأخرى، وهذا الإجراء واجب خصوصًا أنها دليل إثبات، وعلى كل الأحوال إذا فقد الدليل الكتابي المعد عـن طريـق الوسائل الإلكترونيـة فإن علـى المكلـف بالإثبات إثبات وجود دليل كتابي تتوافر به الشروط التي يتطلبها القانون. وإن هذا المحرر قـد فقـد بسبب أجنبي لا يد له فيه. أما إذا كان فقد هذا المحرر نتيجـة لتقصيـر مـن المكلـف بالإثبات كـأن يدعي أن البيانات قد فقدت من جهاز الحاسب الآلي الخـاص بـه مـع عـدم اتخـاذه وسائل حفـظ مناسبة. أو أن الغير قد اطلع عليها وحذفها مع عدم قيامه بإجراءات حماية مقبولة تمنع الغير مـن الاطلاع عليها. فهذا يستبعد فكرة السبب الأجنبي ولا يجوز له الإثبات بشهادة الشهود.

الفصل الثاني

زمان ومكان العقود التي تتم عبر الانترنت

الفصل الثاني

زمان ومكان العقود التي تتم عبر الانترنت

تمهيد وتقسيم:

لتحديد زمان العقد أهمية بالغة فعند تحديد لحظة معينة لانعقاد العقد يمتنع - بحسب الأصل - على أي من طرفية نقضه أو التحلل منه كما أنه من هذه اللحظة يبدأ عادة ترتيب العقد لآثاره، فمنذ هذا الوقت تنتقل الملكية إذا كان العقد بيعاً - أو عقد آخر ناقلا للملكية - واقعًا على منقول معين بالذات. كما تبدو أهمية تحديد وقت انعقاد العقد من ناحية المواعيد التي يبدأ سريانها من هذا الوقت كمواعيد التقادم بالنسبة إلى الالتزامات المنجزة الناشئة عن العقد[١]. وأيضًا تبدو أهمية تحديد وقت انعقاد العقد في تحديد مدة سريان العقد وفي معرفة أهلية الأطراف المتعاقدة وقت التعاقد[٢].

(١) د. محمد حسن قاسم - التعاقد عن بعد - قراءة تحليلية في التجربة الفرنسية مع الإشارة لقواعد القانون الأوروبي - دار النهضة الجديدة للنشر - ٢٠٠٥ ص (٧٥ - ٧٦).

(٢) وأيضًا لتحديد زمان العقد أهمية كبيرة في عدة نواح نذكر منها:

أ - فيما يتعلق بدعوى عدم نفاذ التصرفات يشترط أن يكون حق الدائن قد نشأ قبل التصرف المطعون فيه؛ لذلك يكون هاما تحديد وقت نشأة التصرف أو العقد.

ب- من المعروف أنه يجوز للقاصر أو نائبه أن يرفع دعوى تكملة الثمن على المشتري إذا كان في بيع العقار غبنا يزيد على الخمس وقت تمام البيع؛ لذلك يكون هاما تحديد وقت انعقاد البيع لأن العقار= =محل العقد قد تزيد قيمته أو تقل، وبالتالي نستطيع من خلال هذا التحديد معرفة ما إذا كان هناك غبنا أم لا.

ولمزيد من التفصيل انظر - د. حسام الدين كامل الأهواني - النظرية العامة للالتزام - الجزء الأول. المجلد الأول - المصادر الإرادية للالتزام - الطبعة الثالثة ٢٠٠٠، ص - (١٥١) د. عبد الودود يحيى - الموجز في النظرية العامة للالتزامات- دار النهضة العربية - ١٩٨٥ - ص (٤٨) د. علي نجيده - النظرية العامة للالتزام - الكتاب الأول - مصادر الالتزام - دار الثقافة العربية - الطبعة الثانية - ٢٠٠٢- ص (١٠١).

أما بالنسبة لتحديد مكان العقد فتتجلى أهميته في مجال تطبيق قواعد القانون الدولي الخاص حيث إن مكان انعقاد العقد هو الذي يحدد - بحسب الأصل - الشكل الذي يخضع له العقد[١]. كما أنه من حيث القانون الواجب التطبيق، فإن مكان انعقاد العقد يعتبر ضابطا لتحديد هذا القانون[٢] كما تبدو أهمية تحديد مكان انعقاد العقد كذلك من حيث تحديد المحكمة المختصة بنظر المنازعات التي قد تنشأ عن العقد.

ولأهمية تحديد زمان ومكان العقد فإن الدراسة تقتضي تحديد زمان ومكان العقد عند التعاقد عن طريق الإنترنت، وتوضيح المشكلات التي يثيرها استخدام الوسائل الإلكترونية في تحديد زمان ومكان العقد، وأيضًا دراسة الحلول التي

---

(١) لمزيد من التفصيل انظر د. عبد المجيد أبو هيف - القانون الدولي الخاص - في أوروبا وفي مصر. مطبعة الاعتماد. ١٩٢٤ - ص ٥٥٢. فقرة ٣٩١. د. علي الزيني - القانون الدولي الخاص - المصري والمقارن - الجزء الأول - مطبعة الاعتماد ١٩٢٨ ص ٢٣٥ فقرة ١٧٩ د. حامد زكي - القانون الدولي الخاص المصري - الطبعة الأولى - مطبعة نوري ١٩٣٦ ص ٢٩٠، د. جابر جاد عبد الرحمن - تنازع القوانين - دار النهضة العربية ١٩٦٦ ص ٥٠٢.
د. إبراهيم أحمد إبراهيم - القانون الدولي الخاص - تنازع القوانين - دار النهضة العربية ٢٠٠٢ ص ٣٦٣

(٢) انظر المادة (٢٠) من القانون المدني المصري.

وضعتها قوانين المعاملات الإلكترونية لحل تلك المشكلات. وذلك من خلال تقسيم هذا الفصل إلى مبحثين على النحو الآتي:

المبحث الأول: زمان العقد عند التعاقد عن طريق الإنترنت.

المبحث الثاني: مكان إبرام العقد عند التعاقد عن طريق الإنترنت.

المبحث الأول
زمان العقد عند التعاقد عن طريق الإنترنت

تمهيد وتقسيم:

مما لا شك فيه أن العقد الذي يتم إبرامه بواسطة الوسائل الإلكترونية عبر شبكة الإنترنت مثله مثل أي عقد آخر أبرم عن طريق الوسائل التقليدية وذلك بتبادل الطرفين المتعاقدين التعبير عن إرادتين متطابقتين، فالعقد يتم بمجرد تبادل طرفين التعبير عن إرادتين متطابقتين، مع مراعاة ما يقرره القانون فوق ذلك من أوضاع معينة لانعقاد العقد[١]. ولكن التساؤل الذي يتبادر للذهن كيف يتم تحديد لحظة هذا التطابق في حالة استخدام شبكة الإنترنت للتعبير عن الإرادة؟

عند استخدام الوسائل التقليدية في التعاقد يتم تحديد لحظة انعقاد العقد وفقًا للنظريات الفقهية[٢] التي تحدد لحظة انعقاد العقد، ومثال ذلك، يتم تحديد لحظة انعقاد العقد وفقاً لنظرية تصدير القبول في اللحظة التي يتم فيها إرسال القبول، ووفقاً لنظرية استلام القبول فإن لحظة انعقاد العقد هي اللحظة التي يتم فيها استلام

---

(١) المادة (٨٩) مدني مصري. والمادة (٩٠) مدني أردني.

(٢) هناك أربع نظريات قيل بها قي شأن تحديد هذه اللحظة انعكست على موافقة المشرعين في البلدان المختلفة فمنها من كرس إحداها ومنها من لم يشر إلى أي منها تاركا الأمر للقضاء مثل القانون الفرنسي - د. محمد حسن قاسم - التعاقد عن بعد - مرجع سابق - ص ٧٨.

القبول، ولكن إذا ما تم التعبير عن القبول من خلال رسالة إلكترونية[1] فمتى تعتبر الرسالة الإلكترونية قد أرسلت؟ وفقًا لنظرية تصدير القبول ومتى تعتبر تلك الرسالة قد استلمت؟ وفقًا لنظرية استلام القبول.

قوانين المعاملات الإلكترونية تحدد لحظة إرسال الرسالة الإلكترونية، وتحدد لحظة استلام الرسالة الإلكترونية. لذا فإن الأمر يتطلب بداية بيان متى تعتبر الرسالة الإلكترونية قد أرسلت ومتى تعتبر قد استلمت وفقًا لقوانين المعاملات الإلكترونية ومن ثم تحديد لحظة انعقاد العقد عند استخدام الوسائل الإلكترونية عبر شبكة الإنترنت وفقًا للنظريات الفقهية[2] وبناء على ذلك فإن الدراسة تقتضي تقسيم هذا المبحث إلى مطلبين على النحو الآتي:

---

(١) تعتبر بعض قوانين المعاملات الإلكترونية الرسالة الإلكترونية وسيلة من وسائل التعبير عن الإرادة المقبولة قانونا ، نذكر منها ، قانون التجارة الإلكترونية البحريني حيث نصت المادة ١٠ من القانون على انه " في سياق إبرام العقود يجوز التعبير ، كليا أو جزئيا ، عن الإيجاب والقبول وكافة الأمور المتعلقة بإبرام العقد والعمل بموجبه ، بما في ذلك أي تعديل أو عدول أو إبطال للإيجاب أو القبول ، عن طريق السجلات الإلكترونية ما لم يتفق الطرفان على غير ذلك ".

(٢) وتتمثل هذه النظريات في أربع نظريات: نظرية إعلان القبول، نظرية تصدير القبول، نظرية استلام القبول، نظرية العلم بالقبول، ولمزيد من التفصيل حول هذه النظريات بصفة عامة راجع د. عبد الرزاق السنهوري - الوسيط في شرح القانون المدني الجديد - نظرية الالتزام بوجه عام - مصادر الالتزام الجزء الأول - دار إحياء التراث العربي - ١٩٥٢ - ص ٢٤١ وما بعدها د. سليمان مرقس الوافي في شرح القانون المدني - الالتزامات - نظرية العقد - الإرادة المنفردة - المجلد الأول - الطبعة الأولى - ١٩٨٧ - ص ١٩٤ وما بعدها د. عبد المنعم فرج الصده - مصادر الالتزام - دراسة في القانون اللبناني والقانون المصري - دار النهضة ١٩٧٩ ص ١٤٢ وما بعدها د. أنور سلطان - مصادر الالتزام في القانون المدني الأردني - الطبعة الأولى منشورات الجامعة الأردنية ١٩٨٧ - ص ٦٨.

المطلب الأول: زمان إرسال واستقبال الرسالة الإلكترونية وفقًا لقوانين المعاملات الإلكترونية.

المطلب الثاني: تحديد لحظة انعقاد العقد عند التعاقد عن طريق الإنترنت وفقًا للقواعد العامة في القانون المدني.

المطلب الأول

زمان إرسال واستقبال الرسالة الإلكترونية

وفقاً لقوانين المعاملات الإلكترونية

تمهيد وتقسيم:

إن من المشكلات التي يثيرها استخدام الوسائل الإلكترونية عبر شبكة الإنترنت هي كيفية تحديد لحظة إرسال رسالة إلكترونية من خلال شبكة الإنترنت، فما هي اللحظة التي يمكن اعتبارها لحظة الإرسال؟ وما هي اللحظة التي يمكن اعتبارها لحظة الاستقبال. فهل يكفي اعتبار لحظة الضغط على الأيقونة الخاصة بالإرسال لحظة إرسال، ولحظة وصول الرسالة إلى البريد الإلكتروني لحظة استلام؟

هذا أمر على غاية من الأهمية ليس بشأن تحديد لحظة انعقاد العقد فحسب، بل لكافة المعاملات الإلكترونية. فقد يتطلب القانون إرسال إخطارات أو إعذارات، ويرتب على وقت إرسالها أو استلامها آثار قانونية، فمتى تعتبر هذه الإعذارات أو الإخطارات قد أرسلت أو استلمت إذا ما استخدمت شبكة الإنترنت كوسيلة لإرسالها أو استقبالها.

قوانين المعاملات الإلكترونية تسعى إلى حل المشكلات المتعلقة بتحديد لحظة إرسال واستقبال الرسائل الإلكترونية من خلال النص في تلك القوانين على أوقات معينة تعتبر أوقات إرسال واستلام الرسائل الإلكترونية، وتلك النصوص في معظم قوانين المعاملات الإلكترونية مماثلة لنص الفقرة الأولى والثانية من المادة (١٥) من نموذج قانون (الأونسيترال) بشأن التجارة الإلكترونية؛ لذا يكفي للإلمام بكيفية

تحديد لحظة إرسال أو استلام الرسالة الإلكترونية في معظم قوانين المعاملات الإلكترونية دراسة نص الفقرة الأولى والثانية من المادة ١٥ من نموذج قانون (الأونسيترال) بشأن التجارة الإلكترونية.

لذا فإن الدراسة تتطلب في البداية توضيح المشكلات الناجمة عن استخدام الوسائل الإلكترونية عند تحديد لحظة إرسال واستلام الرسالة الإلكترونية ومن ثم دراسة نص الفقرة (١، ٢) من المادة ١٥ من نموذج قانون (الأونسيترال) بشأن التجارة الإلكترونية من خلال تقسيم هذا المطلب إلى فرعين كالتالي:

الفرع الأول: المشكلات الناجمة عن المراسلات الإلكترونية عبر شبكة الإنترنت.

الفرع الثاني: تحديد لحظة إرسال واستلام الرسالة الإلكترونية وفقاً لنموذج قانون (الأونسيترال) بشأن التجارة الإلكترونية.

الفرع الأول

المشكلات الناجمة عن المراسلات الإلكترونية عبر شبكة الإنترنت

المراسلات الإلكترونية عبر شبكة الإنترنت هي إرسال واستقبال الرسائل الإلكترونية من خلال شبكة الإنترنت. والرسائل الإلكترونية المقصودة في هذه الدراسة هي تلك الرسائل التي تنشأ على دعامة إلكترونية[1] وترسل عن طريق شبكة الإنترنت وتستقبل أيضًا على دعامة إلكترونية[2]. ويجري العمل في هذا الشكل من أشكال المراسلات الإلكترونية[3]. بأن تنجز الرسالة بواسطة نظام

(١) عرفت الفقرة (١٤) من المادة (١) من اللائحة التنفيذية لقانون التوقيع الإلكتروني المصري الدعامة الإلكترونية بأنها "وسيط مادي لحفظ وتداول الكتابة الإلكترونية ومنها الأقراص المدمجة أو الأقراص الضوئية أو الأقراص الممغنطة أو الذاكرة الإلكترونية أو أي وسيط آخر مماثل".

(٢) أشرنا فيما سبق أن دور شبكة الإنترنت في إرسال واستقبال المعاملات قد يكون جزئيا أو كليا، فهناك من المعاملات الإلكترونية ما ينشأ على دعامة إلكترونية ويرسل عن طريق شبكة الإنترنت ويستقبل عن طريق جهاز فاكس أو تلكس بحيث يستقبل على ورق، فهذا النوع من المراسلات لا يدخل ضمن نطاق الدراسة هنا ولا يثير بعض المشكلات التي نحن بصددها.

(٣) ومن أشكال المراسلات الإلكترونية والتي قد تتشابه نوعا ما مع المراسلات الإلكترونية التي نحن بصددها إرسال واستقبال الرسائل عن طريق الهاتف النقال فهي كتابة تقع على دعامة إلكترونية وتستقبل أيضًا على دعامة إلكترونية ولكن وسيلة الاتصال هنا ليست شبكة الإنترنت . فهذا الشكل من المراسلات يخرج عن نطاق الدراسة هنا لأنه لا يثير بعض المشكلات التي تثيرها المراسلات الإلكترونية عبر شبكة الإنترنت، ولكن إذا تمت هذه المراسلات مثلا بين جهاز حاسب آلي وبين هاتف محمول من خلال شبكة الإنترنت فإنها تدخل ضمن تلك المراسلات لأنها تثير الصعوبات ذاتها.

معلومات[1] وترسل من خلال شبكة الإنترنت إلى عنوان إلكتروني وتستقبل على ذلك العنوان بواسطة نظام معلومات أيضًا. واستخدام هذا الشكل من المراسلات يثير عدة مشكلات يمكننا رصد بعضها فيما يلي:

١- قد ترسل الرسالة الإلكترونية إلى طرف ما وتستقبل من قبل ذلك الطرف ولكنها لا تكون قابلة للاستخراج [2]:

ففي الواقع العملي هناك برامج حاسب آلي تستخدم لحماية جهاز الحاسب الآلي من البرامج الضارة أو من الإعلانات غير المرغوب فيها[3]. وتعمل هذه

---

(١) عرفت الفقرة (و) من المادة (٢) من نموذج قانون لجنة الأمم المتحدة للقانون التجاري الدولي (الأونسيترال) نظام المعلومات بأنه " النظام الذي يستخدم لإنشاء رسائل البيانات أو إرسالها أو استقبالها أو تخزينها أو تجهيزها على أي وجه آخر" وعرفته كذلك بعض القوانين العربية المتعلقة بتنظيم المعاملات الإلكترونية بمعنى مشابه. انظر المادة (٢) من قانون إمارة دبي الخاص بالمعاملات والتجارة الإلكترونية رقم (٢) لسنة ٢٠٠٢ المادة (٢) من قانون المعاملات الإلكترونية الأردني رقم ٨٥ لسنة ٢٠٠١ والمادة (١) من قانون التجارة الإلكترونية البحريني.

(٢) نقصد بالاستخراج هنا: عدم القدرة على تحميل الرسالة الإلكترونية من نظام المعلومات - مثل البريد الإلكتروني - إلى جهاز الحاسب الآلي.

(٣) مثل ملفات التجسس أو فيروس الحاسب الآلي، وفيروس الحاسب هو برنامج يعمل على تغيير خصائص الملفات التي يصيبها لتقوم بتنفيذ بعض الأوامر مثل الحذف أو التعديل على الملفات المخزنة في ذاكرة الحاسب الآلي أما ملفات التجسس (spy ware) فهي برامج صغيرة الحجم يتم تحميلها على جهاز الحاسب الآلي بطرق خفية كأن تكون مرفقة مع رسالة إلكترونية ولا يلاحظ وجودها وتحمل على جهاز الحاسب الآلي عند تحميل الرسالة أو من الممكن أن تحمل عند تصفح موقع ما على الإنترنت بحيث تحمل على جهاز الحاسب الآلي عندما يتم تحميل صفحات ذلك الموقع دون أن تلاحظ، والغاية من هذه البرامج هي جمع معلومات عن صاحب الجهاز الآلي، وتستخدم بعض المواقع التجارية هذه الملفات في جمع المعلومات عن الزبائن بحيث تحمل هذه البرامج على جهاز العميل حال ما يزور ذلك الموقع وتبقى داخل جهاز الحاسب الآلي دون أن= =يلاحظ وجودها وتقوم بإرسال معلومات عن المواقع التي يزورها صاحب الجهاز، حيث تفيد هذه المعلومات المواقع التجارية معرفة رغبات وميول الزبائن، ومن ثم تقوم بإرسال الإعلانات التي تتعلق برغباتهم ولأجل الحيلولة دون تحميل مثل هذه البرامج على جهاز الحاسب الآلي تركب برامج على جهاز الحاسب الآلي تهدف لحماية الحاسب الآلي من هذه البرامج حيث تعمل هذه البرامج على منع أي رسالة إلكترونية يشتبه في احتوائها على فيروس أو ملف تجسس أو إعلان من التحميل على جهاز الحاسب الآلي.
وحول فيروس الحاسب الآلي وملفات التجسس بصفة عامة راجع - جويل سكامبري، سيتوارت ماكلور، جورج كيرتز - القرصنة تحت الأضواء، أسرار وحلول لحماية الشبكات، ترجمة مركز التعريب والترجمة، الدار العربية للعلوم، الطبعة الأولى - ٢٠٠١، ص (٥١٣) وما بعدها - د. محمد حسين منصور - المسئولية الإلكترونية - دار الجامعة الجديدة للنشر - ٢٠٠٣ - ص (٢٩٢) وما بعدها.

البرامج على منع بعض الرسائل الإلكترونية من الدخول إلى جهاز الحاسب الآلي الخاص بالطرف المستقبل وهذه البرامج قد يتم تحميلها على جهاز الحاسب الآلي، أو قد تحمل على خادم الحاسب الآلي الذي يحوي نظام معلومات الطرف المستقبل أو على شبكة الإنترنت المرتبط بها جهاز الحاسب الآلي. وقد يعود السبب في عدم القدرة على استخراج الرسالة الإلكترونية إلى عيوب تقنية بحتة في جهاز الحاسب الآلي أو في البرامج. وأيًا كان السبب في عدم القدرة على دخول الرسالة الإلكترونية إلى جهاز الحاسب الآلي فإن ذلك يفيد أن هناك رسائل إلكترونية غير قابلة للاستخراج.

٢ - عدم فهم مضمون الرسالة الإلكترونية:

فقد تكون الرسالة الإلكترونية قابلة للاستخراج ولكنها غير مفهومة. وهذا الأمر من الممكن ملاحظته عند استخدام نظام معلومات مثل البريد الإلكتروني، فقد تصل رسالة إلكترونية إلى البريد الإلكتروني لطرف ما، ولكن عند فتحها يجد

أنها تحوي رموزًا أو حروفًا غير مفهومه وهذا يعود في معظم الأحيان لأسباب تقنية بحتة نوضح أهمها فيما يلي:

• قد يعود السبب في ذلك إلى التشفير. فمن الممكن أن تكون الرسالة الإلكترونية مشفرة بواسطة مفتاح تشفير خاص بالمرسل ولا يملك المرسل إليه المفتاح العام لفك ذلك التشفير. فمعظم الرسائل الإلكترونية التي ترسل وتستقبل عن طريق شبكة الإنترنت رسائل مشفرة وذلك لضمان عدم تعديلها أو إتلافها أو الاطلاع عليها من قبل الغير أثناء انتقالها عبر شبكة الإنترنت.

• أو قد يكون السبب عدم توافر البرامج اللازمة لقراءة الرسالة الإلكترونية. ومثال ذلك، قد تكتب رسالة إلكترونية باللغة العربية على جهاز الحاسب الآلي الخاص بالمرسل ولا يكون جهاز الحاسب الآلي للطرف الآخر مزود ببرامج تعريف اللغة العربية، وعند فتحها لا يتمكن الجهاز من ترجمة اللغة، وتظهر على شكل رموز غير مفهومة.

• أو قد يكون السبب عدم التوافق بين البرامج الموجودة على جهاز الحاسب الآلي الخاص بالمرسل مع برامج الحاسب الآلي الخاص بالمرسل إليه، ومثال ذلك، قد تنجز رسالة إلكترونية من قبل المرسل بواسطة برنامج ما، ولا تتوافر نسخة من هذا البرنامج على جهاز الحاسب الآلي الخاص بالمرسل إليه، مما يؤدي إلى عدم قدرة ذلك الجهاز على قراءة الرسالة وتظهر حينها على شكل رموز غير مفهومة، أو قد يملك المرسل إليه نسخة من هذا البرنامج ولكنها قديمة، والرسالة أنجزت بواسطة نسخة محدثة للبرنامج ذاته، فبرامج الحاسب الآلي يجري عليها تطوير مستمر، فإذا صادف أن أنجزت رسالة إلكترونية باستخدام نسخة محدثة لبرنامج ما، فإن النسخة القديمة لا تتمكن في أغلب الأحيان من قراءتها، مما يؤدي إلى ظهورها

بشكل غير مفهوم ولكن لو حدث العكس كأن تنجز الرسالة الإلكترونية بواسطة النسخة القديمة فإن النسخة المحدثة تتمكن من قراءتها وذلك لاستيعابها للمعايير التي تستخدمها النسخة القديمة.

وعلى كل الأحوال، فمهما تعددت الأسباب التي قد تؤدي إلى عدم قدرة جهاز الحاسب الآلي على قراءة بعض الرسائل الإلكترونية، فإن النتيجة التي نتوصل لها هي أن بعض الرسائل الإلكترونية وإن كانت قابلة للاستخراج إلا أنها قد تكون غير مفهومة.

٣ - وجود أكثر من عنوان إلكتروني:

الوسائل الإلكترونية سهلت توافر أكثر من عنوان إلكتروني سواء للشخص الطبيعي أو الاعتباري، وهذا أمر يثير بعض المشكلات، فإذا أرسلت رسالة إلكترونية لشخص يتوافر له أكثر من عنوان إلكتروني هل تعتبر الرسالة قد وصلت عندما تصل إلى أي عنوانًا إلكترونيًا تابع له؟ وإذا كان هذا الشخص قد عين عنوان معين لاستقبال الرسالة فهل وصول الرسالة إلى أي عنوان إلكتروني تابع له يكفي لاعتبارها قد وصلت؟ أم يجب أن تصل إلى العنوان المعين؟

وهذا أمر على غاية من الأهمية، فمعظم الأشخاص الاعتبارية وخصوصا التجارية، تتخذ أكثر من عنوان وتولي اهتمامًا ومراقبة لعناوين معينة أكثر من غيرها، ومثال ذلك، قد تتخذ شركة تجارية تمارس نشاطها عن طريق شبكة الإنترنت عنوانًا لاستقبال الرسائل الإلكترونية المتعلقة بإبرام العقود، وعنوانًا إلكترونيًا آخر لتلقي شكاوى الزبائن، بحيث تولي اهتمامًا ومراقبة للعنوان الأول والذي تتوقع أن يرد إليه رسائل هامة أكثر من العنوان الثاني، فهل وصول رسالة إلكترونية تتضمن قبولا لعرض ما على العنوان الثاني ملزم للشركة؟ - على فرض

أنها عينت العنوان الأول لاستقبال تلك الرسالة – لذا فإن وجود أكثر من عنوان إلكتروني
يثير بعض المشكلات.

٤ - عدم وصول الرسالة الإلكترونية:

قد تنجح طريقة إرسال رسالة إلكترونية، ومع ذلك قد لا تصل للمرسل إليه وهذا يعود
لعدة أسباب منها:

أ - قد يتلقاها الغير أثناء انتقالها عبر شبكة الإنترنت ويتلفها.

ب- أو قد يرفض نظام المعلومات الخاص بالطرف المستقبل استقبالها لعدم وجود حيز كاف
لتخزينها، فأنظمة المعلومات لها سعة تخزين محددة، فإذا صادف أن نظام المعلومات للطرف
المستقبل لا يوجد فيه حيز لتخزينها. فإنه يرفض استقبال تلك الرسالة.

ج- أو قد لا تصل الرسالة الإلكترونية بسبب خطأ في كتابة العنوان الإلكتروني، فإذا أخطأ
المرسل في كتابة العنوان الإلكتروني حتى لو كان الخطأ بسيطًا فإن الرسالة لا تصل للطرف الآخر.

وهكذا فإن بعض الرسائل الإلكترونية ترسل بدون وجود عيوب تقنية في طريقة الإرسال
ومع ذلك لا تصل.

الفرع الثاني

تحديد لحظة إرسال واستلام الرسالة الإلكترونية

وفقاً لنموذج قانون (الأونسيترال) بشأن التجارة لإلكترونية(١)

تنص الفقرة (١، ٢) من المادة ١٥(٢)- من نموذج قانون (الأونسيترال) على أنه:

"١- ما لم يتفق المنشئ والمرسل إليه على خلاف ذلك، يقع إرسال رسالة البيانات عندما تدخل الرسالة نظام معلومات لا يخضع لسيطرة المنشئ أو سيطرة الشخص الذي أرسل رسالة البيانات نيابة عن المنشئ.

٢- ما لم يتفق المنشئ والمرسل إليه على غير ذلك، يتحدد وقت استلام رسالة البيانات على النحو التالي:

---

(١) اعتمدت تشريعات تستند إلى نموذج قانون (الأونسيترال) بشأن التجارة الإلكترونية في أكثر من ٣٠ دولة نذكر منها: - الأردن، البحرين، تونس، فرنسا، الولايات المتحدة الأمريكية، الصين، الباكستان، المكسيك، الهند، كندا، أستراليا، سنغافورة، جنوب أفريقيا.

(٢) ولقد أخذ بهذا التحديد عدة قوانين انظر على سبيل المثال: - المادة ١٨ من قانون التجارة الإلكترونية الفلبيني لسنة ٢٠٠٠، المادة ١٧ من قانون المعاملات الإلكترونية الأردني رقم ٨٥ لسنة ٢٠٠١ المادة ١٥ من قانون التجارة الإلكترونية البحريني، المادة ١٧ من قانون إمارة دبي بشأن المعاملات والتجارة الإلكترونية قانون رقم (٢) لسنة ٢٠٠٢، المادة ٢٦، ٢٧، من قانون التجارة الإلكترونية لجمهورية إيران الإسلامية والمنشور على شبكة الإنترنت على العنوان الآتي:

http://www. irtp. com/data. asp?address=laws/ec/IR%٢. Iran%٢. E-Commerce%٢. Law. pdf

أ. إذا كان المرسل إليه قد عين نظام معلومات لغرض استلام رسائل البيانات يقع الاستلام:

١ – وقت دخول رسالة البيانات نظام المعلومات المعين، أو

٢ – وقت استرجاع المرسل إليه لرسالة البيانات إذا أرسلت رسالة البيانات إلى نظام معلومات تابع للمرسل إليه ولكن ليس هو النظام الذي تم تعيينه.

ب. إذا لم يعين المرسل إليه نظام معلومات يقع الاستلام عندما تدخل رسالة البيانات نظام معلومات تابعا للمرسل إليه".

يتضح من هذه النصوص أن وقت إرسال واستلام الرسالة الإلكترونية كالتالي:

أ - وقت إرسال الرسالة الإلكترونية:

يحدد نموذج قانون (الأونسيترال) وقت إرسال الرسالة الإلكترونية في اللحظة التي تدخل فيها تلك الرسالة نظام معلومات لا يخضع لسيطرة المنشئ[1]. وذلك لأن دخول الرسالة الإلكترونية إلى نظام معلومات خارج سيطرة منشئ الرسالة يجعل الإرسال قطعياً لا رجعة فيه.

---

(١) تعرف الفقرة (ج) من المادة (٢) من نموذج قانون (الأونسيترال) بشأن التجارة الإلكترونية المنشئ ((يراد بمصطلح "منشئ" رسالة البيانات الشخص الذي يعتبر أن إرسال أو إنشاء رسالة البيانات قبل تخزينها أن حدث قد تم على يديه أو نيابة عنه، ولكنه لا يشمل الشخص الذي يتصرف كوسيط فيما يتعلق بهذه الرسالة)).

فلا يستطيع منشئ الرسالة استعادتها أو تعديلها أو إلغاءها فإذا كانت الرسالة الإلكترونية على سبيل المثال تعبر عن قبول لعرض ما، فإن دخول هذه الرسالة إلى نظام معلومات خارج عن سيطرة[1] القابل يجعل هذا القبول قطعيا لا رجعة فيه؛ لذا فإن لحظة دخول الرسالة الإلكترونية إلى نظام معلومات خارج عن سيطرة المنشئ هي لحظة إرسال الرسالة الإلكترونية، ونظام المعلومات الخارج عن سيطرة المنشئ قد يكون نظام المعلومات الخاص بالوسيط أو نظام المعلومات الخاص بالمرسل إليه.

إلا أن نموذج القانون لا يحدد وقت إرسال الرسالة الإلكترونية في حالة إرسالها واستلامها على نظام المعلومات ذاته، فقد ترسل الرسالة الإلكترونية من خلال نظام معلومات يقع تحت سيطرة المنشئ والمرسل إليه حيث ترسل وتستقبل دون ان تدخل نظام معلومات لا يخضع لسيطرة المنشئ.

(١) ويمكن إثبات هذا الوقت من خلال نظام المعلومات الذي لا يخضع لسيطرة المنشئ حيث تحتفظ أنظمة المعلومات بمعلومات تتعلق بوقت استقبال وإرسال رسائل البيانات، ومن الممكن إن يعلم المرسل إلية من خلال ملحقات الرسالة الواردة إلى نظام المعلومات الذي يستخدمه حيث تحوي رسائل البيانات معلومات ملحقة مع الرسالة توضح مسار الرسالة وجميع خوادم الحاسب آلي (server) والشبكات التي مرت بها إثناء إرسالها. وهذا الوقت يظهر في جزء من ملحقات الرسالة الواردة كتالي:

"Received: from bay. -omc١-s٣٨. bay. hotmail. com ([٦٥. ٥٤. ٢٤٦. ١١.]) by bay. -imc٣-s٣٦. bay. . hotmail. com with Microsoft SMTPSVC(٦٠٠٠ ٣٧٩٠٠ ٢٤٤٤) ٣١ Jul "Tue ٢٠٠ ٧ ١٠. ٠ ٥:٤٥ -. ٧٠٠ "

ويوضح جزء آخر من ملحق هذه الرسالة وقت دخولها نظام المعلومات الخاص بالمرسل إليه كتالي:

"Date: Tue, ٣١ Jul ٢٠٠٧ ١٧:٠ ٥:٤٤ +٠٠٠٠"

ب - وقت استلام الرسالة الإلكترونية:

في تحديد وقت استلام الرسالة الإلكترونية يذكر نموذج القانون حالتين ويحدد وقت الاستلام لكل حالة كالتالي:

الحالة الأولى: تعيين المرسل إليه نظام معلومات لاستلام الرسالة الإلكترونية، فإذا أرسلت إلى ذلك النظام فإن لحظة استلام الرسالة هي لحظة دخول الرسالة إلى ذلك النظام. أما إذا أرسلت إلى نظام معلومات آخر تابع للمرسل إليه غير النظام المعين فإن لحظة استلام الرسالة هي اللحظة التي يستخرج فيها المرسل إليه الرسالة من ذلك النظام.

يتضح من هذا، أن نموذج القانون لا يشترط العلم بوصول الرسالة، أو أن تكون قابلة للاستخراج، أو أن تكون مفهومة إذا أرسلت إلى نظام المعلومات المعين من قبل المرسل إليه لاستلام الرسالة.

أما إذا لم ترسل الرسالة إلى نظام المعلومات المعين من قبل المرسل إلية لاستلام الرسالة، وتم إرسالها إلى نظام معلومات آخر تابع للمرسل إليه، فإن نموذج القانون يشترط أن تكون الرسالة قابلة للاستخراج من ذلك النظام. فإذا لم تكن قابله للاستخراج فلا يعتد بهذا الوصول، وأيضًا يحدد وقت استلام الرسالة في هذه الحالة في اللحظة التي تصبح فيها الرسالة قابلة للاستخراج وليس في اللحظة التي تدخل فيها الرسالة إلى نظام المعلومات التابع للمرسل إليه.

ويرى الباحث أن القصد من وراء هذه الشروط هو أن المرسل إليه عندما يعين نظام معلومات لاستقبال رسالة ما، فإنه يتوقع أن تصل تلك الرسالة إلى ذلك النظام فقد يعين نظام معلومات لاستقبال رسائل يرى فيها أهمية أكثر من غيرها

حيث يولي ذلك النظام اهتمامًا ومراقبة أكثر من غيره، وتجاهل المرسل لذلك التعيين أدى إلى وضع شروط لمصلحة المرسل إليه.

ويرى الباحث أيضًا، أنه من الأفضل لو اشترط نموذج القانون أن لحظة وصول الرسالة هي لحظة استخراجها حتى إذا وصلت إلى نظام المعلومات المعين لأن وصول رسالة إلكترونية إلى نظام معلومات مع عدم القدرة على استخراجها من ذلك النظام يجعلها هي والعدم سواء، حتى إذا وصلت نظام معلومات معين أو غير معين.

الحالة الثانية: عدم تعيين نظام معلومات من قبل المرسل إليه لاستلام الرسالة. إذا لم يعين المرسل إليه نظام معلومات لاستلام الرسالة الإلكترونية فإن لحظة استلام الرسالة هي لحظة دخول تلك الرسالة إلى أي نظام معلومات تابع للمرسل إليه.

إلا أن لجنة الأمم المتحدة للقانون التجاري الدولي (الأونسيترال) جاءت بتحديد مختلف للحظة إرسال واستلام الرسائل الإلكترونية عن ذلك التحديد للحظة إرسال واستلام الرسائل الإلكترونية، سابق الذكر، الوارد في نموذج القانون، وذلك في اتفاقية الأمم المتحدة المتعلقة باستخدام الخطابات الإلكترونية في العقود الدولية[1] [2]، حيث نصت المادة ١٠ من الاتفاقية على أنه:

١- اعتمدت الجمعية العامة لأمم المتحدة هذه الاتفاقية في ٢٣ تشرين الثاني/نوفمبر ٢٠٠٥، انظر نصوص الاتفاقية والمذكرة التفسيرية على شبكة الإنترنت على العنوان:

http://www. uncitral. org/pdf/arabic/texts/electcom/Ebook-a. pdf

٢- وتبرر لجنة الأونسيترال السبب في أتباعها نهج آخر في تحديد وقت إرسال واستلام الرسائل الإلكترونية غير النهج الذي اتبعته في نموذج القانون . بأن التطورات العملية التي طرأت منذ اعتماد نموذج القانون تبرر الخروج على ذلك النهج . ومن تلك التطورات العملية التي ذكرتها ، أن الواقع= =العملي يفيد أن العديد من الأشخاص لديهم أكثر من عنوان إلكتروني ، ولا يمكن منطقياً أن ينتظر منهم إن يرتقبوا تلقي خطابات إلكترونية ملزمة قانوناً على جميع العناوين الإلكترونية التي يحتفظون بها . ولمزيد من التفصيل انظر المذكرة الإيضاحية للاتفاقية ص ٦٤

"١- وقت إرسال الخطاب الإلكتروني هو الوقت الذي يغادر فيه ذلك الخطاب نظام معلومات يقع تحت سيطرة المنشئ أو الطرف الذي أرسل الخطاب نيابة عن المنشئ، أو وقت تلقي الخطاب الإلكتروني إذا لم يكن قد غادر نظام معلومات يقع تحت سيطرة المنشئ أو الطرف الذي أرسل الخطاب نيابة عن المنشئ.

٢- وقت تلقي الخطاب الإلكتروني هو الوقت الذي يصبح فيه ذلك الخطاب قابلا للاستخراج من جانب المرسل إليه على عنوان إلكتروني يعينه المرسل إليه، ووقت تلقي الخطاب الإلكتروني على عنوان إلكتروني آخر للمرسل إليه هو الوقت الذي يصبح فيه الخطاب الإلكتروني قابلا للاستخراج من جانب المرسل إليه على ذلك العنوان، ويصبح المرسل إليه على علم بأن الخطاب الإلكتروني قد أرسل إلى ذلك العنوان. ويفترض أن يكون الخطاب الإلكتروني قابلا للاستخراج من جانب المرسل إليه عندما يصل ذلك الخطاب إلى العنوان الإلكتروني للمرسل إليه".

يتضح من هذه النصوص أنها أكثر ملاءمة لتحديد وقت إرسال واستلام الرسائل الإلكترونية، وأنها جاءت بتحديد مختلف عن ذلك التحديد للحظة إرسال واستلام الرسائل الإلكترونية الوارد في نموذج القانون، نوضح أوجه ذلك الاختلاف فيما يلي:

١- من حيث وقت إرسال الرسالة الإلكترونية:

تفرق الاتفاقية في تحديد لحظة الإرسال بين الحالة التي ترسل فيها الرسالة الإلكترونية من نظام معلومات إلى نظام آخر، حيث تحدد وقت الإرسال في اللحظة التي تغادر فيها الرسالة الإلكترونية نظام المعلومات الذي يقع تحت سيطرة المرسل. والحالة التي لا تغادر فيها الرسالة الإلكترونية نظام معلومات يقع تحت سيطرة المرسل والمستقبل، حيث تحدد وقت الإرسال في اللحظة التي يتلقى فيها المرسل إليه الرسالة الإلكترونية، أما نموذج القانون فقد أغفل تحديد وقت هذا الإرسال.

٢- من حيث وقت استلام الرسالة الإلكترونية:

بالنسبة لتعيين نظام معلومات لاستقبال الرسالة الإلكترونية من قبل المرسل إليه، تشترط الاتفاقية في حالة وصول الرسالة إلى ذلك النظام أن تكون قابلة للاستخراج، حيث تحدد وقت استلام الرسالة الإلكترونية في اللحظة التي تصبح فيها الرسالة الإلكترونية قابلة للاستخراج من ذلك النظام. وتعتبر الاتفاقية وصول الرسالة الإلكترونية إلى ذلك النظام قرينة على أن الرسالة قابلة للاستخراج. إلا أنها قرينة يمكن إثبات عكسها.

وهكذا فإن وقت استلام الرسالة الإلكترونية يتحدد في اللحظة التي تصبح تلك الرسالة قابلة للاستخراج. ويفترض أنها كذلك عند وصولها إلى نظام المعلومات المعين. وإذا أثبت المرسل إليه أن الرسالة لم تكن قابلة للاستخراج عند وصولها، فإن استلام الرسالة يتحدد في اللحظة التي تصبح فيها الرسالة قابلة للاستخراج وليست لحظة وصول الرسالة.

أما نموذج القانون فيعتبر أن الرسالة الإلكترونية المرسلة إلى نظام معلومات معين قد استلمت في اللحظة التي تدخل فيها ذلك النظام سواء كانت قابلة للاستخراج أم لا.

أما بالنسبة لإرسال الرسالة الإلكترونية إلى نظام معلومات آخر غير النظام المعين من قبل المرسل إليه. لم تفرق الاتفاقية بين إرسال الرسالة الإلكترونية إلى نظام معلومات غير النظام المعين وبين عدم تعيين المرسل إليه نظام معلومات وإرسال الرسالة إلى أي نظام تابع له.

حيث حددت وقت استلام الرسالة في كلتا الحالتين في اللحظة التي تصبح فيها الرسالة قابلة للاستخراج، واشترطت علم المرسل إليه بأن الرسالة قد أرسلت إلى ذلك النظام.

ويمكن إثبات علم المرسل إليه بأن الرسالة أرسلت إلى نظام معلومات تابع له، أذا استخراجها من ذلك النظام، وذلك عن طريق تقرير الاستخراج. فمعظم[1] نظم المعلومات المستخدمة في إرسال واستقبال الرسائل الإلكترونية ترسل تقرير للمرسل يفيد أن الرسالة قد استخرجت من نظام المعلومات ويحدد وقت الاستخراج بدقة حيث يستطيع المرسل إثبات علم المرسل إليه بأن الرسالة أرسلت إلى نظام معلومات تابع له من خلال ذلك التقرير.

---

(١) والمثال على تلك النظم نظام (incredimail) حيث يرسل هذا النظام إلى المرسل إيصال إلكتروني يفيد باستلام المرسل إليه الرسالة واستخراجها من النظام ويظهر هذا الإيصال بالصيغة التالية:

This receipt verifies that the message has been displayed on the recipient's computer at: ٣٠ /٠٥/٢٠٠٧ ٠١:٥٨:٠٨

وهكذا فإن لحظة استلام الرسالة الإلكترونية المرسلة إلى أي نظام معلومات تابع للمرسل إليه هي اللحظة التي تصبح فيها تلك الرسالة قابلة للاستخراج من ذلك النظام. ويفترض أنها كذلك منذ لحظة وصولها إلى ذلك النظام ولكن يشترط أن يعلم المرسل إليه بإرسال الرسالة إلى ذلك النظام. أما إذا لم يعلم فإن الرسالة لا تعتبر قد وصلت حتى إذا كانت قابلة للاستخراج.

أما نموذج القانون فلقد فرق بين تعيين نظام معلومات لاستقبال الرسالة الإلكترونية من قبل المرسل إليه وتجاهل المرسل هذا التعيين وإرسال الرسالة إلى نظام معلومات آخر تابع للمرسل إليه. وبين عدم تعيين نظام معلومات من قبل المرسل إليه وإرسال الرسالة إلى أي نظام معلومات تابع للمرسل إليه.

ففي الحالة الأولى تعتبر لحظة استخراج الرسالة الإلكترونية من النظام غير المعين هي لحظة استلام الرسالة، أما في الحالة الثانية فإن لحظة استلام الرسالة هي لحظة دخول تلك الرسالة إلى أي نظام تابع للمرسل إليه، حتى إذا كانت غير قابلة للاستخراج، ولم يعلم المرسل إليه بوجودها على ذلك النظام.

يتضح من هذا. أن هناك اختلاف في تحديد وقت إرسال واستلام الرسائل الإلكترونية بين اتفاقية الأمم المتحدة المتعلقة باستخدام الخطابات الإلكترونية في العقود الدولية وبين نموذج قانون الأونسيترال بشأن التجارة الإلكترونية[1]، وان التحديد الوارد في الاتفاقية أكثر ملاءمة.

---

(١) وأيضًا يرى البعض تحديد وقت استلام الرسالة الإلكترونية وفقاً للتحديد الذي جاء به نموذج القانون، أنظر د. عادل أبو هشيمه محمود حوته - عقود خدمات المعلومات الإلكترونية في القانون الدولي الخاص _ دار النهضة العربية -٢٠٠٤ - ص ١٧٠

رأينا الخاص:

إن تحديد لحظة استلام الرسائل الإلكترونية وفقاً لنص الفقرة الأولى والثانية من المادة (١٥) من نموذج قانون الأمم المتحدة بشأن التجارة الإلكترونية سابق الذكر ونص المادة (١٠) من اتفاقية الأمم المتحدة المتعلقة باستخدام الخطابات الإلكترونية في العقود الدولية سابق الذكر، لا يؤدي إلى حل بعض مشكلات المراسلات الإلكترونية عن طريق الإنترنت، مثل، مشكلة عدم فهم مضمون بعض الرسائل الإلكترونية، ويرى الباحث إن أي تشريع يتعلق بتحديد لحظة استلام الرسائل الإلكترونية يجب إن يأخذ بالاعتبار المشكلات الناجمة عن تلك المراسلات ويضع الحلول المناسبة لها.

لذا نقترح إن تحدد لحظة إرسال أو استلام الرسائل الإلكترونية على النحو الآتي:

بالنسبة لتحديد لحظة إرسال الرسالة الإلكترونية.

تحدد لحظة إرسال الرسالة الإلكترونية في اللحظة التي تخرج فيها الرسالة من نظام معلومات يقع تحت سيطرة المرسل وليس في اللحظة التي تدخل فيها الرسالة الإلكترونية نظام معلومات لا يقع تحت سيطرة المرسل، وذلك لأنه من السهل على المرسل إثبات اللحظة التي تخرج فيها الرسالة الإلكترونية من نظام المعلومات الذي يقع تحت سيطرة، وذلك عن طريق المعلومات التي يسجلها نظام المعلومات الذي يقع تحت سيطرة فمعظم أنظمة المعلومات تحدد وقت وتاريخ الرسائل الصادرة. إما إثبات اللحظة التي تدخل فيها الرسالة الإلكترونية إلى نظام معلومات لا يقع تحت سيطرة المرسل فيتم عن طريق الاستعانة بالطرف الذي يقع تحت سيطرة ذلك النظام وقد يكون من العسير على المرسل إثبات تلك اللحظة عن طريق المعلومات الذي يسجلها ذلك النظام.

وإذا كان المرسل والمرسل إليه يستخدمان نظام معلومات واحد لإرسال واستقبال الرسائل الإلكترونية فان لحظة إرسال الرسالة الإلكترونية هي اللحظة التي يستلم فيها المرسل إليه تلك الرسالة[1].

إما بالنسبة لتحديد لحظة استلام الرسائل الإلكترونية.

فإذا عين المرسل إليه نظام معلومات لاستقبال الرسائل الإلكترونية.

فان لحظة استلام الرسالة الإلكترونية هي اللحظة التي تصبح فيها تلك الرسالة قابلة للإدراك ويفترض أنها كذلك منذ لحظة دخولها إلى نظام المعلومات المعين.

واقتراحنا هذا في تحديد لحظة استلام الرسالة الإلكترونية لأجل حل مشكلة عدم فهم مضمون بعض الرسائل الإلكترونية فالرسالة الإلكترونية قد تكون قابلة للاستخراج ولكن غير قابلة للإدراك ولكن لو كانت قابلة للإدراك فهذا يعني أنها قد وصلت إلى نظام المعلومات الخاص بالمرسل إليه وكانت قابلة للاستخراج ومفهومة، فكون الرسالة قابلة للإدراك يعني إن المرسل إليه قد نجح في استخراجها من نظام المعلومات إلى جهاز الحاسب الآلي الخاص به وكانت مفهومة.

فإذا كان المرسل إليه قد عين نظام معومات لاستقبال الرسالة الإلكترونية فان لحظة استلام الرسالة هي لحظة دخولها إلى ذلك النظام ولكن إذا اثبت المرسل إليه إن الرسالة لم تكن قابلة للإدراك كأن تكون على شكل حروف أو رموز غير مفهومة فان لحظة استلام الرسالة هي اللحظة التي تصبح فيها الرسالة قابلة للفهم والإدراك.

---

(١) نفس معنى الفقرة (١) من المادة (١٠) من اتفاقية الأمم المتحدة المتعلقة باستخدام الخطابات الإلكترونية في العقود الدولية .

إما إذا لم يعين المرسل إليه نظام معلومات لاستلام الرسالة وأرسلت الرسالة إلى نظام معلومات تابع للمرسل إليه، أو عين المرسل إليه نظام معلومات وتجاهل المرسل هذا التعيين وأرسل الرسالة إلى نظام معلومات آخر تابع للمرسل إليه.

فإن لحظة استلام الرسالة هي اللحظة التي يعلم فيها المرسل إليه بوجود الرسالة القابلة للإدراك على ذلك النظام ويفترض إن الرسالة قابلة للإدراك منذ لحظة دخولها إلى ذلك النظام.

وتعتبر لحظة استلام الرسالة الإلكترونية هي اللحظة التي يعلم فيها المرسل إليه بوجود الرسالة القابلة للإدراك على أي نظام معلومات تابع له، ولا تعتبر لحظة استلام الرسالة الإلكترونية هي لحظة دخول الرسالة إلى نظام المعلومات التابع للمرسل إليه ، وذلك لأن المرسل إليه عندما يعين نظام معلومات لاستقبال الرسائل الإلكترونية ويتجاهل المرسل هذا التعيين ويرسل الرسالة إلى نظام معلومات آخر فمن الممكن إن لا يراقب المرسل إليه ذلك النظام بانتظام ولا يعلم بوجود الرسالة إلا بعد مضي فترة زمنية وأيضًا أذا لم يعين المرسل إليه نظام معلومات قد لا يراقب نظام المعلومات الخاص به بانتظام ولا يعلم بوجود رسائل الإلكترونية إلى بعد مضي فترة زمنية، وليس من الصواب إلزام المرسل إليه برسالة لا يعلم بوجودها، إلا إذا اثبت المرسل إن المرسل إليه يعلم بوجود الرسالة، ويمكن للمرسل إثبات إن المرسل إليه يعلم بوجود الرسالة عن طريق تقرير استخراج الرسالة الذي يرسله نظام المعلومات التابع للمرسل إليه عندما يستخرج المرسل إليه الرسالة، أما إذا كانت الرسالة غير قابله للإدراك واثبت المرسل إليه ذلك فان لحظة استلام الرسالة هي اللحظة التي تصبح فيها الرسالة قابله للإدراك.

المطلب الثاني

تحديد لحظة انعقاد العقد عند التعاقد عن طريق الإنترنت وفقًا للقواعد العامة في القانون المدني

تمهيد وتقسيم:

أن استخدام شبكة الإنترنت كوسيلة اتصال بين أطراف العقد، قد يجعل التعاقد تعاقدا بين حاضرين من حيث الزمان وغائبين من حيث المكان، أو قد يجعل التعاقد، تعاقدا بين غائبين من حيث الزمان والمكان.

فالعبرة هنا في اعتبار التعاقد من حيث الزمان بين غائبين أو حاضرين عند استخدام شبكة الإنترنت كوسيلة اتصال، هو وجود فاصل زمني بين صدور القبول وعلم الموجب به أم لا[(1)(2)] والوسائل الإلكترونية التي تستخدم لإجراء الاتصال

---

(١) إن المعيار الفاصل، الذي يفرق التعاقد بين حاضرين عن نظيرة بين غائبين، إنما يدور حول محور الزمن، وهل يوجد فاصل زمني بين صدور القبول وبين اتصاله بعلم الموجب أم لا؟ د. طلبة خطاب - النظرية العامة للالتزام - مصادر الالتزام - المصادر الإرادية - العقد - الإرادة المنفردة- ٢٠٠٠- ٢٠٠١ ص ١٣٢.

(٢) لمزيد من التفصيل عن الإيجاب والقبول بصفة عامة راجع. د. الرزاق السنهوري - مرجع سابق- ص ٢٠٦ وما بعدها. د. سليمان مرقس - مرجع سابق - ص ١٧٥ وما بعدها. د. عبد المنعم فرج الصده - مرجع سابق-، ص ١١١ وما بعدها، د. أنور سلطان - مرجع سابق- ص ٥٤ وما بعدها د. رمضان أبو السعود - مصادر الالتزام في القانون المصري واللبناني - الطبعة الأولى - الدار الجامعية - ١٩٩٠، ص ٧٠ وما بعدها د. أحمد سلامة مذكرات في نظرية الالتزام - الكتاب الأول - مصادر الالتزام - ١٩٩٩ - ٢٠٠٠، ص٣٧ وما بعدها. د. حسام الدين كامل الأهواني - مرجع سابق - ص ٣٣ وما بعدها، د. علي نجيدة - مرجع سابق - ٥٦ وما بعدها.

عبر شبكة الإنترنت، قد يسمح بعضها وجود فاصل زمني بين صدور القبـول وعلـم الموجـب به، وقد لا يسمح بعضها الآخر بوجود هذا الفاصل؛ لذا فالتعاقد من خلال شبكة الإنترنت.

لا يعد تعاقدا بين غائبين من حيث الزمان والمكان في جميع الحالات[1]. فهناك بعض الحالات التي يعتبر فيها تعاقدا بين حاضرين من حيث الزمان وغائبين من حيث المكان.

وهكذا فإن الوسائل الإلكترونية التي قد يستخدمها أطراف العقد عند التعاقد عن طريق شبكة الإنترنت يمكن حصرها من حيث وجود فاصل زمني أو عدم وجود فاصل زمني، إلى فئتين، الفئة الأولى وسائل اتصال مباشر، حيث لا يؤدي استخدامها إلى وجود فاصل زمني بين صدور القبول وعلم الموجب به، ومثال ذلك، إن يتم التعاقد بشكل مباشر عن طريق المواقع الإلكترونية أو أن يستخدم أطراف العقد برامج حاسب آلي تنقل الصوت والصورة[2] والفئة الثانية وسائل اتصال غير مباشر، يؤدي استخدمها إلى وجود فاصل زمني بين صدور القبول وعلم

---

(١) وهذا خلافا لما يجزم به البعض بأن التعاقد عبر الإنترنت تعاقد بين غـائبين مـن حيـث الزمـان والمكـان، د. فـايز عبـد الله الكنـدري- الإنترنـت والإرادة التعاقديـة - بحـث مقـدم لمـؤتمر القـانون والحاسـوب - جامعـة اليرمـوك - الأردن ١٢ - ١٤/تموز/٢٠٠٤ ص ٤٠.
وأيضًا لما يجزم به البعض الآخر بأن التعاقد عبر شبكة الإنترنت تعاقدا بين حاضرين من حيث الزمـان وغـائبين مـن حيـث المكان، انظر د. محمد حسين منصور - المسؤولية الإلكترونية- دار الجامعة الجديدة للنشر - ٢٠٠٣ ص ٢٣.

(٢) هناك العديد من برامج الحاسب الآلي التي تنقل الصوت والصورة والكتابة بين الأطراف بدون وجود فاصل زمني، وهـي عديدة ومن أشهرها:
Yahoo messenger, msn messenger, skype, paltalk

الموجب به ومثال ذلك تبادل المراسلات الإلكترونية[1] ضمن فترات زمنية مختلفة، وبناءً على ذلك، فأن التعاقد عن طريق الإنترنت، قد يعتبر تعاقداً بين حاضرين أو غائبين من حيث الزمان.

ودراسة تحديد لحظة انعقاد العقد عند استخدام شبكة الإنترنت تقتضي تحديد زمان العقد عند استخدام وسائل اتصال مباشر، وتحديد زمان العقد عند استخدام وسائل اتصال غير مباشر. وذلك من خلال تقسيم هذا المطلب إلى فرعين على النحو الآتي:

الفرع الأول: تحديد زمان العقد عند استخدام وسائل اتصال مباشر

الفرع الثاني: تحديد زمان العقد عند استخدام المراسلات الإلكترونية عبر الإنترنت.

---

(١) ورد هذا المصطلح في قانون إمارة دبي الخاص بالمعاملات والتجارة الإلكترونية وعرفته المادة الثاني بأنه" إرسال واستلام الرسائل الإلكترونية ".

الفرع الأول

تحديد زمان العقد عند استخدام وسائل اتصال مباشر

يرى الفقه[1] أن التعاقد عن طريق الهاتف يأخذ حكم التعاقد بين حاضرين في مجلس العقد[2] لأن كلاً منهما يسمع حديث الآخر فور صدوره منه. فالإيجاب

---

(١) د. عبد الرزاق السنهوري - مرجع سابق - ص ٢٣٨ - ٢٣٩، د. سليمان مرقس - مرجع سابق - ص ١٨٨. د. عبد المنعم فرج الصده - مرجع سابق - ص ١٣٩. د. أنور سلطان - مرجع سابق - ص ٥٧ د. عبد الودود يحيى - مرجع سابق - ص ٣٨. د. جميل الشرقاوي - النظرية العامة للالتزام - الكتاب الأول - مصادر الالتزام- ١٩٩١ ص ٣١٧. د. أحمد سلامة - مرجع سابق - ص ١. ٥، د. سمير عبد السيد تناغو، مصادر الالتزام، العقد - الإرادة المنفردة - العمل غير المشروع - الإثراء بلا سبب ١٩٩٩-٢٠٠٠ - ص ٣٩. د. مصطفى الجمال - مصادر الالتزام - دار المطبوعات الجامعية - ١٩٩٩ - ص ٨٦. د. علي نجيدة - مرجع سابق - ص ٩٥ ، . د. حسام الدين كامل الأهواني - مرجع سابق - ص ١٥٠ ، د. رمضان أبو السعود - مرجع سابق - ص ٩١ - ٩٢

(٢) فكرة مجلس العقد، مستوحاة من الفقه الإسلامي، ويقصد بها اجتماع المتعاقدين في نفس المكان والزمان، بحيث يسمع أحدهما كلام الآخر مباشرة، حالة كونهما منصرفين إلى التعاقد لا يشغلهما عنه شاغل. ويبدأ المجلس بإصدار الموجب لإيجابه وينتهي إما بقبول الإيجاب حيث ينعقد العقد أو رفضه فيسقط الإيجاب، وإما ينفض المجلس دون أن يرد الموجب له، على الإيجاب حيث يعتبر الإيجاب مرفوضًا حكما، وقصد بانفضاض المجلس المفارقة الجسدية للمكان من أحد المتعاقدين أو كليهما، أي مغادرة المكان، كما ينفض المجلس ولو لم يغادر العاقدان المكان، إذا شغلهما أو شغل أحدهما شاغل عن التعاقد مثل الانتقال إلى موضوع آخر عن موضوع التعاقد حيث ينتهي حينئذ مجلس العقد لانفضاضه بتغير موضوع الحديث في المجلس. وبناء عليه تقوم فكرة مجلس العقد على ضرورة أن يصدر الإيجاب والقبول في نفس المكان وفي نفس الجلسة أي في زمانها. ولمزيد من التفصيل انظر د. حسام الدين كامل الأهواني - مرجع سابق - ص ١٤٨.

الصادر عن طريق الهاتف يسقط إذا لم يلحقه قبول فوري. ما لم يثبت الموجب له أن الإيجاب ظل قائمًا طوال مدة المحادثة الهاتفية وأنه قبل الإيجاب قبل انتهاء المحادثة،فمجلس العقد يتحدد بزمان المحادثة الهاتفية وينفض بانتهائها،أو بانفضاض مجلس العقد بتغيير موضوع المحادثة. أما من حيث مكان العقد فتسري أحكام التعاقد بين غائبين.

ولا يرى الباحث ما يمنع من أن يخضع التعاقد باستخدام وسائل الاتصال المباشر عبر شبكة الإنترنت للحكم السابق، فالهاتف وسيلة اتصال تؤدي إلى عدم وجود فاصل زمني بين صدور القبول وعلم الموجب به. ووسائل الاتصال المباشر عبر شبكة الإنترنت تؤدي أيضًا إلى عدم وجود فاصل زمني بين صدور القبول وعلم الموجب به، فهي تقنيات حديثة تستخدم للاتصال بين الأطراف تتوافر فيها ميزات عديدة مثل سرعة الاتصال وإظهار صورة المتصل أو تمكن من تبادل النصوص المكتوبة، واستخدامها في التعبير عن القبول يؤدي إلى عدم وجود الفاصل الزمني، مما يستتبع أن يعامل التعاقد بواسطتها معاملة التعاقد بالهاتف ويخضع للأحكام ذاتها.

فإذا استخدمت وسيلة اتصال مباشر عبر شبكة الإنترنت للتعبير عن القبول تلغى الفاصل الزمني بين صدور القبول وعلم الموجب به. فإن التعاقد باستخدام تلك الوسيلة يعد تعاقدا بين حاضرين من حيث الزمان وغائبين من حيث المكان، ويتحدد زمان انعقاد العقد بزمان ذلك الاتصال.

الفرع الثاني
تحديد زمان العقد عند استخدام المراسلات الإلكترونية
عبر شبكة الإنترنت

وضحنا فيما سبق. أن بعض وسائل الاتصال عبر شبكة الإنترنت يؤدي استخدامها إلى وجود فاصل زمني بين صدور القبول وعلم الموجب به وقد لا يؤدي بعضها الآخر إلى وجود هذا الفاصل. ووجود فاصل زمني بين صدور القبول وعلم الموجب به يجعل التعاقد تعاقداً بين غائبين من حيث الزمان، وهناك من وسائل الاتصال عبر شبكة الإنترنت ما يحقق وجود هذا الفاصل، مثل المراسلات عبر البريد الإلكتروني[1].

لذا فإن التعاقد بواسطة وسائل الاتصال عبر شبكة الإنترنت والتي يؤدي استخدامها إلى وجود فاصل زمني بين صدور القبول وعلم الموجب به، يعد تعاقدا بين غائبين من حيث الزمان والمكان، فهناك فترة زمنية بين صدور القبول وعلم الموجب به، وأيضًا يكون القابل والموجب موجودين في جهتين مختلفتين. والتساؤل الذي يتبادر للذهن كيف يتم تحديد لحظة انعقاد العقد عند التعاقد باستخدام تلك الوسائل؟.

---

(١) وجود الفاصل الزمني قد لا يعود كما قد يتبادر للذهن لأسباب تتعلق بسرعة الاتصال عبر شبكة الإنترنت – فعلى سبيل المثال – من الممكن أن يرسل القبول عن طريق البريد الإلكتروني إلى العنوان الإلكتروني للموجب، ويطلع الموجب على البريد الإلكتروني الخاص به بعد فترة من الزمن وهكذا توافر فاصل زمني بين صدور القبول وعلم الموجب به دون أي علاقة لسرعة الاتصال به.

أجاب الفقه عن هذا التساؤل فيما يخص التعاقد باستخدام الوسائل التقليدية من خلال أربع نظريات[1] لتحديد لحظة انعقاد العقد.

وسيرا وراء الفقه التقليدي في تناول هذه المسألة نحاول تحديد لحظة انعقاد العقد عند استخدام المراسلات الإلكترونية عبر شبكة الإنترنت من خلال تلك النظريات. وذلك كالتالي:

١- نظرية إعلان القبول[2]:

وتتلخص هذه النظرية، بأن العقد وفقًا للقواعد العامة هو توافق أرادتين، ومتى أعلن الطرف الآخر قبول للإيجاب المعروض عليه فقد توافقت الإرادتان وتم العقد، وهذا يتفق مع ما تقتضيه المعاملات التجارية من وجود السرعة في التعامل[3].

(١) لمزيد من التفصيل حول هذه النظريات راجع بصفة عامة د. عبد الرزاق السنهوري - مرجع سابق - ص ٢٤١. د. سليمان مرقس، مرجع سابق- ص ١٩٤. د.عبد المنعم فرج الصدة - مرجع سابق- ص ١٤٢. د. أنور سلطان - مرجع سابق - ص ٦٨. د. عبد الودود يحيى - مرجع سابق - ص ٤٨. د. جميل الشرقاوي - مرجع سابق- ص ٣١٨. د. سمير عبد السيد تناغو- مرجع سابق - ص ٤٤. د. علي نجيدة - مرجع سابق - ص٩٦. د. طلبة خطاب - مرجع سابق - ص ١٣٤. د. رمضان أبو السعود - مرجع سابق - ص ٨٨.

(٢) ومن القوانين العربية التي أخذت بهذه النظرية، القانون المدني الأردني حيث نصت المادة (١٠١) على أنه " إذا كان المتعاقدان لا يضمهما حين العقد مجلس واحد يعتبر التعاقد قد تم في المكان وفي الزمان اللذين صدر فيهما القبول ما لم يوجد اتفاق أو نص قانوني يقضي بغير ذلك ". وكذلك القانون المدني السوري، المادة ٩٨. وقانون الموجبات والعقود اللبناني المادة ١٨٤.

(٣) د. عبد الرزاق السنهوري - مرجع سابق - ص ٢٤١.

وبناء على ذلك فإن زمان العقد يتحدد منذ لحظة صدور القبول فمنذ هذه اللحظة تتوافق الإرادتان ويتم العقد. دون توقف على علم الموجب بالقبول أو عدم علمه، لأن الطرف القابل للعقد تعلق حقه منذ تلك اللحظة فيمتنع على الموجب من ذلك الوقت العدول عن إيجابه[١].

وفي تطبيق هذه النظرية على التعاقد عبر شبكة الإنترنت يرى البعض[٢]، أن اللحظة التي ينعقد فيها العقد هي اللحظة التي يحرر فيها من وجه إليه الإيجاب رسالة إلكترونية تعبر عن قبوله للإيجاب.

وإنني اتفق مع هذا الرأي في أن التعبير عن القبول قد يكون في أي شكل من أشكال الكتابة[٣]، ومنها بطبيعة الحال الكتابة الإلكترونية،كان يحرر القابل رسالة إلكترونية يعبر فيها عن قبوله، ولكن من صور التعبير عن القبول أيضًا اللفظ[٤]، فمن الممكن أن يعبر من وجه إليه الإيجاب عن القبول باللفظ كأن يقول قبلت،وبناء على ذلك فمن الممكن أن تحدد لحظة انعقاد العقد وفقًا لهذه النظرية قبل اللجوء إلى أي وسيلة إلكترونية لإعلان القبول، ومثال ذلك، من الممكن أن يستقبل طرف ما، إيجابًا عن طريق شبكة الإنترنت ويقول قبلت قبل أن يحرر رسالة إلكترونية أو يلجأ إلى أي وسيلة إلكترونية للتعبير عن الإرادة، عندها ووفقًا لهذه النظرية تحدد لحظة انعقاد العقد في اللحظة التي صدر فيها ذلك اللفظ.

(١) د. سليمان مرقس – مرجع سابق – ص ١٩٤.
(٢) د. أسامة أبو الحسن مجاهد – خصوصية التعاقد عبر الإنترنت – دار النهضة العربية ٢٠٠٣ ص ٩٢. د. محمد حسن قاسم – مرجع سابق – ص ٧٨.
(٣) د: عبد الرزاق السنهوري – مرجع سابق – ص٧٦١.
(٤) المادة (٩٠) مدني مصري، والمادة (٩٣) مدني أردني.

ولقد تعرضت هذه النظرية للانتقاد على أساس أن التعبير عن الإرادة لا ينتج أثره إلا إذا وصل إلى من وجه إليه؛ ولذلك ينبغي ألا ينتج القبول أثرًا من وقت إعلانه، وقبل العلم به، وفضلا عن ذلك فإن القبول ما هو إلا تعبير يصدر عن القابل سواء كان بالوسائل التقليدية أو بالوسائل الإلكترونية دون أن يعلم به الموجب. فيعد الموجب وكأنه تحت رحمة وسلطان القابل، إن شاء تمسك بهذا القبول وإن شاء أنكر [١].

٢- نظرية تصدير القبول:

كما وضحنا في النظرية السابقة أن لحظة انعقاد العقد هي لحظة إعلان أو صدور القبول، والانتقادات التي وجهت لها. فإن هذه النظرية جاءت في فكر جديد لأجل تلافي تلك الانتقادات، ويتلخص فكر هذه النظرية في أنه ما دام ما يخشى من الأخذ بنظرية إعلان القبول ألا يستطاع إثبات صدور القبول ولا تعيين وقت صدوره. فإن الحل يكون بالتعويل على الوقت الذي يثبت فيه تصدير القبول بصفة قاطعة كإرسال الخطاب بالبريد، حيث يمكن إثبات تاريخه عن طريق إيصال البريد [٢].

إلا أن هذه النظرية قد اعترض عليها: **أولاً** (من الناحية العملية) إن إرسال الخطاب المتضمن القبول عن طريق البريد لا يمنع من استرداده قبل وصوله إلى المرسل إليه. وأيضًا يستطيع المرسل إرسال برقية تنسخ ذلك الخطاب بحيث تصل إلى المرسل إليه قبل وصول الخطاب. ومادام الإرسال أو التصدير لا ينفي احتمال السحب. فلا يمكن الوقوف عنده والتعويل عليه في اعتبار العقد منعقدًا بصفة

---

(١) د. رمضان أبو السعود - مرجع سابق - ص ٨٨ .
(٢) د. عبد الودود يحي - مرجع سابق - ص ٤٩.

نهائية. **وثانياً**: (من الناحية الفقهية) أن إعلان القبول لا يكفي لأحداث أثره مادام هذا القبول لم يصل إلى علم الموجب، فأن تصدير القبول لا يضيف إلى القبول شيئا فيما يتعلق بإعلام الموجب به، ولا يصلح بالتالي للتعويل عليه في تحقق توافق الإرادتان وانعقاد العقد[١].

وفي تطبيق هذه النظرية على التعاقد عبر شبكة الإنترنت يرى البعض[٢]، أنه ليس هناك لحظة تصدير القبول وإنما لحظة إعلان القبول ولحظة تسلمه فلا يتصور أن يتم تصدير القبول دون تسلمه في تقنية الإنترنت، وإن حدث ولم يسلم، فذلك يعود لسبب تقني، وإذا وجد المانع التقني فهذا يعني أن الإرسال لم يتم، حيث تبقى الرسالة الإلكترونية التي تعبر عن القبول حبيسة جهاز الحاسب الآلي الخاص بالقابل. ونبقى حينها في نطاق إعلان القبول دون إرساله أو تصديره، وليس في نطاق تصديره دون تسلمه، فإذا أرسل القبول فإنه يستلم على الفور ولا وجود للفاصل الزمني بين التصدير والوصول. وبناءً على ذلك إذا أرسل القبول ولم يكن هناك سبب فني يمنع الإرسال فلا وجود للحظة تصدير لأنها ذاتها لحظة الاستلام. فالتصرفات الإلكترونية تصرفات عن بعد ولكنها فورية ومتعاصرة.

وإن الباحث ليختلف مع هذا الرأي، حيث إن الفكرة التي يرتكز عليها، هي أن الرسالة الإلكترونية إن أرسلت استلمت، إلا إذا حصل عطل فني منع الإرسال، فإما إن ترسل الرسالة وتصل، وأما إن لا ترسل إطلاقا وتبقى في جهاز الحاسب الآلي الخاص بالمرسل. إلا إن الأمر ليس كذلك، فمن الممكن أن ترسل الرسالة الإلكترونية وينجح الإرسال دون وجود عطل فني ولكن لا تصل للطرف الآخر

(١) د. سليمان مرقس - مرجع سابق - ص ١٩٦.
(٢) د. أسامة أبو الحسن مجاهد - مرجع سابق - ص ٩٢ - ٩٣.

ولا تبقى حبيسة جهاز الحاسب الآلي الخاص بالمرسل، كأن تتلف أو تفقد بعد إرسالها. أو يرفض نظام المعلومات الخاص بالطرف الآخر استلامها للاشتباه باحتوائها على برامج ضارة، أو لا يوجد لها حيز كاف لتخزينها على ذلك النظام. وبناء على ذلك فقد ينجح الإرسال ولا تستلم الرسالة ولا تبقى حبيسة جهاز الحاسب الآلي الخاص بالطرف المقابل. وهكذا فهناك لحظة تصدير للقبول ولا يوجد لحظة تم فيها الاستلام. فتبقى هناك لحظتان وقد يوجد بينهما فاصل زمني، ووفقًا لهذه النظرية نأخذ بلحظة التصدير كوقت لانعقاد العقد.

ولكن كيف يتم تحديد هذه اللحظة؟ يرى البعض[1] بأنها اللحظة التي يضغط فيها القابل على الأيقونة المخصصة للإرسال.

ألا أن قوانين المعاملات الإلكترونية والاتفاقيات الدولية التي نظمت مسألة تحديد زمان إرسال واستلام الرسائل الإلكترونية، تحدد لحظة إرسال الرسالة الإلكترونية التي تعبر عن القبول، خلافاً للرأي السابق ذكره ،فمن هذه القوانين[2] ما يحدد وقت إرسال القبول في اللحظة التي تدخل فيها الرسالة الإلكترونية التي تعبر عن القبول

---

(١) د. محمد حسن قاسم – مرجع سابق – ص ٨. د. شحاتة غريب محمد شلقامي – التعاقد الإلكتروني في التشريعات العربية – دار النهضة العربية - ٢٠٠٥ – ص ١٢٢.

(٢) انظر الفقرة (١) من المادة (١٥) من نموذج قانون الأونسيترال والتي سبق ان وتعرضنا لها في هذه الدراسة ص ١١١ وما بعدها ، و الفقرة (١) من المادة ١٨ من قانون التجارة الإلكترونية الفلبيني لسنة ٢٠٠٠، والبند (أ) من الفقرة (١) من المادة ١٥ من قانون التجارة الإلكترونية البحريني، والبند (أ) من الفقرة (١) من المادة ١٧ من قانون إمارة دبي بشأن المعاملات والتجارة الإلكترونية قانون رقم (٢) لسنة ٢٠٠٢، والمادة ٢٦ من قانون التجارة الإلكترونية لجمهورية إيران الإسلامية.

نظام معلومات لا يقع تحت سيطرة القابل. ومنها ما يحدد وقت إرسال القبول في اللحظة التي تخرج فيها الرسالة الإلكترونية التي تعبر عن القبول من نظام المعلومات الـذي يقع تحت سيطرة المرسل، وإذا كان القابل والموجب يستخدمان نظام معلومات واحد، يتحـدد وقت إرسال القبول في اللحظة التي يستلم فيها الموجب الرسالة الإلكترونية .

ونذكر من تلك القوانين، قانون المعاملات الإلكترونية الأردني رقم (٨٥)، حيـث نصت المـادة (١٣) من هذا القانون على انه " تعتبر رسالة المعلومات وسيلة من وسائل التعبيـر عـن الإرادة المقبولـة قانونا لإبداء الإيجاب أو القبول بقصد إنشاء التزام تعاقدي ". ونصت الفقرة (١) من المـادة (١٧) مـن القانون ذاته على انه " تعتبر رسالة المعلومات قد أرسلت من وقت دخولها إلى نظام معالجة معلومـات لا يخضع لسيطرة المنشئ أو الشخص الذي أرسل الرسالة نيابة عنه ما لم يتفق المنشـئ أو المرسـل إليـه على غير ذلك ".

واتفاقية الأمم المتحدة المتعلقة باستخدام الخطابات الإلكترونية في العقود الدولية، حيث نصت الفقرة (١) من المادة (١٠) على انه "وقت إرسال الخطاب الإلكتروني هو الوقت الذي يغادر فيه ذلك الخطاب نظام معلومات يقع تحت سيطرة المنشئ أو الطرف الذي أرسل الخطاب نيابة عن المنشئ، أو وقت تلقي الخطاب الإلكتروني إذا لم يكن قد غادر نظام معلومات يقع تحت سيطرة المنشئ أو الطرف الذي أرسل الخطاب نيابة عن المنشئ."

يتضح من هذا، إن إرسال الرسالة الإلكترونية التي تعبر عن القبول، يتم أما في الوقت الذي تغادر فيه الرسالة الإلكترونية نظام معلومات أو في الوقت الذي تدخل فيه الرسالة الإلكترونية نظام معلومات، وليس في الوقت الذي يضغط فيه القابل على الأيقونة المخصصة للإرسال. وكما وضحنا فيما سبق، أن إرسال واستلام الرسائل الإلكترونية عبر الإنترنت يتم عن طريق نظم المعلومات. فالرسالة

الإلكترونية ترسل عن طريق نظام معلومات وتستلم عن طريق نظام معلومات، وقد يكون نظام المعلومات الخاص بالمرسل أو المرسل إليه موجوداً على جهاز الحاسب الآلي أو على خادم الحاسب الآلي ومن الممكن أن يكون خادم الحاسب الآلي الذي يحوي نظام المعلومات موجوداً في مكان مغاير للمكان الذي يوجد فيه الحاسب الآلي. ومثال ذلك، قد يكون القابل موجوداً في مصر ويستخدم نظام الياهو (yahoo) لإرسال القبول، فهذا النظام موجود على خادم حاسب آلي في الولايات المتحدة الأمريكية. لذا فأن إرسال الرسالة الإلكترونية التي تعبر عن القبول، يتم أما في الوقت الذي تغادر فيه الرسالة الإلكترونية نظام معلومات أو في الوقت الذي تدخل فيه الرسالة الإلكترونية نظام معلومات.

ويجب التفرقة بين وجود الرسالة الإلكترونية في نظام معلومات يقع تحت سيطرة المرسل وبين وجودها في نظام معلومات خارج عن سيطرته. فلهذه التفرقة أهميتها وفقًا لنظرية تصدير القبول. فهذه النظرية جاءت لتلافي الانتقاد الذي وجه لنظرية إعلان القبول. ووجود الرسالة الإلكترونية التي تعبر عن القبول داخل نظام معلومات يخضع لسيطرة القابل لا يضيف شيئًا لهذه النظرية حيث يستطيع القابل سحب القبول والتراجع عنه، إما وجود الرسالة الإلكترونية في نظام معلومات خارج عن سيطرته. فإنه يحقق غاية تلك النظرية حيث يصبح القبول قطعيا لا رجعة فيه.

لذا فإن مجرد الضغط على الأيقونة المخصصة للإرسال لا يحقق تلك الغاية في بعض الأحيان، ومثال ذلك: قد تنجز الرسالة الإلكترونية باستخدام نظام معلومات موجود على جهاز الحاسب الآلي الخاص بالمرسل. فإذا كان ذلك الجهاز غير مرتبط بشبكة الإنترنت وضغط على الأيقونة الخاصة بالإرسال فإن النظام

يتقبل الإرسال ويحتفظ بالرسالة داخل جهاز الحاسب الآلي. وإذا تم بعد مضي فترة زمنية ربط هذا الجهاز في شبكة الإنترنت فإن النظام يرسل تلك الرسالة على الفور للعنوان المقصود. وهنا توجد فترة زمنية بعد الضغط على الأيقونة المخصصة للإرسال تبقى الرسالة خلالها تحت سيطرة المرسل بحيث يستطيع إلغاءها.

وأيضًا فأن مجرد الضغط على الأيقونة المخصصة للإرسال في جهاز الحاسب الآلي لا يؤدي في بعض الأحيان إلى تصدير القبول فمن الممكن أن يحصل عطل تقني في جهاز الحاسب الآلي أو في خادم الحاسب الآلي الذي يحوي نظام المعلومات الخاص بالقابل، يمنع إرسال الرسالة الإلكترونية، وفي هذه الحالة يتم الضغط على الأيقونة المخصصة للإرسال ولا يتم الإرسال.

لذا فان تحديد وقت إرسال القبول يتم أما في اللحظة التي تدخل فيها الرسالة الإلكترونية التي تعبر عن القبول نظام معلومات لا يقع تحت سيطرة القابل. أو في اللحظة التي تخرج فيها الرسالة الإلكترونية التي تعبر عن القبول من نظام المعلومات الذي يقع تحت سيطرة القابل. ودخول الرسالة الإلكترونية نظام معلومات لا يخضع لسيطرة القابل أو خروج الرسالة الإلكترونية من نظام المعلومات الذي يقع تحت سيطرة القابل يعني أن إرسال الرسالة الإلكترونية قد تم، ولا يوجد عطل تقني في الحاسب الآلي أو خادم الحاسب الآلي الذي يحوي نظام المعلومات.

وان الباحث يرى أن إرسال القبول يتم في اللحظة التي تخرج فيها الرسالة الإلكترونية التي تعبر عن القبول من نظام المعلومات الذي يقع تحت سيطرة القابل وإذا كان القابل والموجب يستخدمان نظام معلومات واحد، يتحدد وقت إرسال

القبول في اللحظة التي يستلم فيها الموجب الرسالة الإلكترونية[1]، وتحديد وقت إرسال القبول في اللحظة التي تخرج فيها الرسالة الإلكترونية التي تعبر عن القبول من نظام المعلومات الذي يقع تحت سيطرة القابل يجعل تصدير القبول قطعياً لا رجعة فيه، فلا يستطيع القابل استرجاع الرسالة الإلكترونية بعد خروجها من ذلك النظام.

٣- نظرية استلام القبول[2]:

وهذه النظرية تتلخص في أن العقد يتم بمجرد وصول القبول إلى الموجب، وذلك لأجل تلافي الانتقاد الذي وجه لنظرية تصدير القبول. فالقبول عندما يصل إلى الموجب يصبح قطعياً لا رجعة فيه.

ويؤخذ على هذه النظرية الانتقاد الذي وجه للنظريتين السابقتين، فإذا كان إعلان القبول وتصديره لا يكفيان لأن يحدث القبول أثره فإن مجرد الاستلام أيضًا لا يكفي لأحداث هذا الأثر طالما لم يصل القبول بعد إلى علم الموجب[3].

وقد يتبادر للذهن أنه ما دام أن نظرية استلام القبول جاءت لأجل تلافي الانتقاد الذي وجه لنظرية تصدير القبول، وأن تحديد وقت إرسال القبول في اللحظة التي تخرج فيها الرسالة الإلكترونية التي تعبر عن القبول من نظام المعلومات الذي يقع تحت سيطرة القابل، يؤدي إلى تلافي تلك النظرية ذلك الانتقاد، حيث

---

(١) ولقد سبق أن وضحنا الأسباب التي تدعونا للأخذ بهذا الوقت لتحديد لحظة إرسال القبول انظر ما سبق.

(٢) ولقد أخذت بهذه النظرية اتفاقية فيينا ١٩٨٠ بشأن البيع الدولي للبضائع في تحديد لحظة انعقاد العقد. انظر الفقرة ٢ من المادة ٨ من الاتفاقية.

(٣) د. عبد المنعم فرج الصده - مرجع سابق - ص ١٤٣.

يصبح القبول قطعياً لا رجعة فيه، فإنه لا فرق في حالة استخدام شبكة الإنترنت في إبرام العقد بين الأخذ باللحظة التي تخرج فيها الرسالة الإلكترونية التي تعبر عن القبول من نظام المعلومات الذي يقع تحت سيطرة القابل أو الأخذ باللحظة التي تصل فيها الرسالة الإلكترونية إلى الموجب، فالقبول أصبح قطعيا سواء من لحظة إرساله أو استلامه وكلتا النظريتين لا تتطلب علم الموجب بالقبول.

إلا أن الفرق يتضح من خلال النتائج التي تترتب على الأخذ بنظرية دون الأخرى والتي نوضحها فيما يلي:

١- قد تختلف لحظة تصدير القبول عن لحظة وصول القبول، بأن يوجد فارق زمني بينهما. وتحديد وقت العقد وفقاً لنظرية دون الأخرى يؤدي إلى الأخذ بوقت مختلف لانعقاد العقد.

٢- إذا لم تصل الرسالة الإلكترونية التي تعبر عن القبول بعد خروجها من نظام المعلومات الذي يقع تحت سيطرة القابل، كأن تفقد أو تتلف، فإن العقد ينعقد منذ لحظة خروجها من ذلك النظام وفقاً لنظرية تصدير القبول، ولا ينعقد العقد وفقاً لنظرية استلام القبول.

٣- وأيضًا يختلف تحمل تبعة المخاطر. فاستخدام شبكة الإنترنت كوسيلة للاتصال بين الأطراف أمر لا يخلو من المخاطر. فإذا أخذنا بنظرية تصدير القبول ونجح إرسال الرسالة ولكن لم تصل للمرسل إليه فإن العقد ينعقد ويتحمل المرسل إليه (الموجب) تبعة المخاطر. أما إذا أخذنا بنظرية استلام القبول، ولم تصل الرسالة الإلكترونية فإن العقد لا ينعقد ويتحمل تبعة المخاطر المرسل (القابل).

وفي تطبيق نظرية استلام[1] القبول على التعاقد باستخدام شبكة الإنترنت، فوفقًا لنموذج قانون (الأونستيرال) بشأن التجارة الإلكترونية إذا كان الموجب قد عين نظام معلومات لاستقبال الرسالة الإلكترونية، فإن لحظة انعقاد العقد هي اللحظة التي تدخل فيها تلك الرسالة إلى نظام المعلومات المعين. أما إذا أرسل القابل تلك الرسالة إلى نظام معلومات آخر تابع للموجب فإن لحظة انعقاد العقد هي اللحظة التي تصبح فيها تلك الرسالة قابلة للاستخراج من ذلك النظام.

أما إذا لم يعين الموجب نظام معلومات لاستقبال تلك الرسالة فإن لحظة انعقاد العقد هي اللحظة التي تدخل فيها تلك الرسالة إلى أي نظام معلومات تابع للموجب.

أما بالنسبة لاتفاقية الأمم المتحدة المتعلقة باستخدام الخطابات الإلكترونية في العقود الدولية. فإذا أرسلت الرسالة الإلكترونية إلى نظام المعلومات المعين، فإن لحظة انعقاد العقد هي اللحظة التي تصبح فيها تلك الرسالة قابلة للاستخراج من ذلك النظام. ويفترض أنها كذلك عند وصولها إلى ذلك النظام. إما إذا أرسلت تلك الرسالة إلى نظام معلومات آخر تابع للموجب، فإن لحظة انعقاد العقد هي اللحظة التي تصبح فيها تلك الرسالة قابلة للاستخراج من ذلك النظام، ويفترض أنها كذلك عند وصولها. ولكن يشترط في هذه الحالة علم الموجب بإرسال تلك الرسالة على ذلك النظام، فإذا لم يعلم لا ينعقد العقد بمجرد وصول الرسالة وقابليتها للاستخراج.

(١) ولقد سبق أن وضحنا رأينا فيما يتعلق بتحديد لحظة استلام الرسالة الإلكترونية ، وتجنباً للتكرار انظر ما سبق ص ١١١ وما بعدها .

٤- نظرية العلم بالقبول[١]:

يرى أنصار هذه النظرية[٢] أن العقد إذا كان توافقا بين أرادتين، إلا أنه يجب أن يعلم كل طرف بقيام هذا التوافق، أي أن يعلم الموجب بقبول الطرف الآخر؛ لذا فإن لحظة انعقاد العقد وفقًا لهذه النظرية هي اللحظة التي يعلم فيها الموجب بالقبول ولصعوبة إثبات علم الموجب بالقبول يرى أنصار هذه النظرية أن وصول القبول قرينة على العلم به. إلا أنها قرينة قابلة لإثبات العكس، بكافة طرق الإثبات، فيجوز نقضها بإثبات وجود ظرف خاص حال دون علم الموجب بالقبول وقت وصوله. كما لو أثبت أنه كان مصابا بمرض يمنعه من الإطلاع على بريده[٣].

وفي مجال التعاقد عبر الإنترنت يعني الأخذ بهذه النظرية أن لحظة انعقاد العقد هي اللحظة التي يعلم فيها الموجب بالقبول، ويفترض أن الموجب علم في القبول منذ لحظة دخول الرسالة الإلكترونية التي تعبر عن القبول إلى أي نظام معلومات تابع للموجب سواء كان النظام المعين أو غير المعين.

أما إذا كانت تلك الرسالة غير قابلة للاستخراج أو قابلة للاستخراج وكانت غير مفهومة بحيث يتعذر على الموجب العلم بمضمونها، فإن لحظة انعقاد العقد تتأخر إلى اللحظة التي تصبح فيها الرسالة قابلة للاستخراج ومفهومة.

وهكذا فإن وصول الرسالة الإلكترونية التي تعبر عن القبول، يعد قرينة على علم الموجب بالقبول، إلا أنها قرينة يمكن إثبات عكسها بكافة طرق الإثبات، كأن

---

(١) أخذ بهذه النظرية القانون المدني المصري المادة ٩٧ القانون المدني الإماراتي المادة ١٤٢ والقانون المدني البحريني المادة ٤٥.

(٢) د. عبد الرزاق السنهوري - مرجع سابق - ص٢٤٣.

(٣) د. سليمان مرقس - مرجع سابق - ص١٩٨.

يثبت الموجب أن الرسالة الإلكترونية غير قابلة للاستخراج أو غير مفهومة لأسباب لا يد له فيها.

وأنني اتفق مع ما يراه البعض[1] في أن نظرية العلم بالقبول هي النظرية الملاءمة لتحديد لحظة انعقاد العقد المبرم عن طريق شبكة الإنترنت، فالعلم بالقبول عند استخدام شبكة الإنترنت يعني أن الرسالة الإلكترونية قد وصلت بنجاح من خلال شبكة الإنترنت وأنها قابلة للاستخراج وأنها مفهومة.

---

(١) د. سمير حامد عبد العزيز الجمال – التعاقد عبر تقنيات الاتصال الحديثة الطبعة الأولى ٢٠٠٦ – ص١٤٣.

المبحث الثاني

مكان إبرام العقد عند التعاقد عن طريق الإنترنت

تمهيد وتقسيم:

لتركيز العقد مكانيًا أهمية خاصة في القانون الدولي الخاص. فقانون مكان العقد، قد يحكم العقد من حيث الشكل حيث تنص المادة (٢٠) من القانون المدني المصري على أنه "العقود مابين الأحياء تخضع في شكلها لقانون البلد الذي تمت فيه، ويجوز أيضًا أن تخضع للقانون الذي يسري على أحكامها الموضوعية، كما يجوز أن تخضع لقانون موطن المتعاقدين أو قانونهما الوطني المشترك"[(١)].

وفي الالتزامات التعاقدية قد تشير قواعد الإسناد إلى تطبيق قانون مكان إبرام العقد، ويكون هو القانون الواجب التطبيق، فالمادة (١٩) من القانون المدني المصري تنص على أنه "يسري على الالتزامات التعاقدية، قانون الدولة التي يوجد فيها الموطن المشترك للمتعاقدين إذا اتحدا موطنًا، فإن اختلفا موطنًا سرى قانون الدولة التي تم فيها العقد، هذا ما لم يتفق المتعاقدان أو يتبين من الظروف أن قانونًا آخر هو الذي يراد تطبيقه"[(٢)].

---

(١) ويقابل هذه المادة. المادة ٢١ مدني أردني، المادة ٢١ مدني سوري ، المادة ٢٠ مدني ليبي المادة ١٩ مدني جزائري حيث حددت خيارين فقط ونصت على ما يلي: " التصرفات ما بين الأحياء تخضع في شكلها لقانون المكان الذي تمت فيه ويجوز أيضًا أن تخضع للقانون الوطني المشترك للمتعاقدين ". والمادة ٢٦ مدني عراقي حيث جاءت بصيغة آمرة ونصت على أنه " تخضع العقود في شكلها لقانون الدولة التي تمت فيها ".

(٢) يقابل هذه المادة ، المادة ٢٠ مدني أردني، المادة ١٩ مدني ليبي ، المادة ٢٠ مدني سوري ، المادة ١٨ مدني جزائري.

فأذا لم يكن للمتعاقدين موطن مشترك، ولم يتفق المتعاقدين صراحة أو ضمنًا على قانون معين ليحكم العقد. فأن العقد يخضع لقانون مكان إبرامه، وقد يكون هو القانون الواجب التطبيق باتفاق الأطراف صراحة أو ضمنا.

وأيضًا تظهر أهمية تعيين المكان الذي تم فيه العقد فيما يتعلق بتحديد الاختصاص القضائي الدولي للمحاكم، حيث تنص المادة (٣٠) في فقرتها الثانية من قانون المرافعات المدنية والتجارية المصري رقم ١٣ لسنة ١٩٦٨ على اختصاص المحاكم المصرية بنظر الدعوى التي ترفع على الأجنبي الذي ليس له موطن أو محل إقامة في مصر "إذا كانت الدعوى متعلقة بالتزام نشأ أو نفذ في مصر أو كان واجبًا تنفيذه فيها"(١).

وأمام أهمية تحديد مكان إبرام العقد، وجب التساؤل، كيف يتم تحديد مكان إبرام العقد، عند استخدام الوسائل الإلكترونية عبر شبكة الإنترنت؟

الإجابة على ذلك التساؤل تتطلب في البداية توضيح مشكلات تحديد مكان إبرام العقد عند استخدام الوسائل الإلكترونية عبر شبكة الإنترنت ومن ثم توضيح الحلول التي وضعتها قوانين المعاملات الإلكترونية لحل تلك المشكلات وذلك من خلال تقسيم هذا المبحث إلى مطلبين على النحو الآتي:

المطلب الأول: مشكلات تحديد مكان إبرام العقد

المطلب الثاني: تحديد مكان إبرام العقد وفقًا لقوانين المعاملات الإلكترونية.

---

(١) وتقابل هذه المادة ، المادة ٢٨ الفقرة (٢) من قانون أصول المحاكمات المدنية الأردني رقم ٢٤ \ لسنة ١٩٨٨ والمعدل رقم ١٤ \ لسنة ٢٠٠٠ والمعدل رقم ٢٦ \ لسنة ٢٠٠٢ م.

المطلب الأول

مشكلات تحديد مكان إبرام العقد

سبق أن وضحنا، أن التعاقد عن طريق الإنترنت تعاقد بين غائبين من حيث المكان، وأن القواعد العامة في القانون المدني تحدد زمان ومكان العقد في التعاقد بين غائبين وفقاً للنظريات الفقهية التي قيلت في تحديد زمان ومكان العقد(١)، حيث تحدد تلك النظريات مكان العقد من خلال زمانه، فإذا تعين الوقت الذي تم فيه العقد تعين أيضًا المكان الذي يتم فيه(٢)، فمكان العقد يتحدد بزمانه(٣)، فهناك ارتباط بين مكان انعقاد العقد وزمان هذا الانعقاد(٤).

ومثال ذلك، نص المادة ٩٧ مدني مصري والتي نصت على انه " يعتبر أن التعاقد مابين غائبين قد تم في المكان والزمان......" وكذلك نص المادة ١٠١ مدني أردني، والتي نصت على انه " أذا كان المتعاقدان لا يضمهما حين العقد مجلس واحد يعتبر التعاقد قد تم في المكان وفي الزمان اللذين صدر فيهما القبول......" ، يتضح من هذا، أن زمان العقد يتحدد في اللحظة التي تتطابق فيها الإرادتان، ومكان العقد يتحدد في المكان الذي تم فيه تطابق الإرادتان.

---

(١) ولمزيد من التفاصيل حول تلك النظريات انظر ما تقدم .
(٢) د. عبد الرزاق السنهوري - مرجع سابق - ص ٢٣٨.
(٣) د. طلبة خطاب - مرجع سابق - ص ١٣٣.
(٤) د. محمد حسن قاسم - مرجع سابق - ص ٩١.

وتطبيقًا لذلك، فإن مكان العقد وفقًا لنظرية إعلان القبول، هو مكان وجود القابل[1]. لأن انعقاد العقد وفقًا لهذه النظرية يتم في اللحظة التي يعلن فيها القابل عن القبول، فمكان هذا الإعلان هو مكان إبرام العقد وهو المكان الذي يوجد فيه القابل.

إما بالنسبة لنظرية تصدير القبول. فإن زمان انعقاد العقد يتحدد في اللحظة التي يصدر فيها القبول، ففي تلك اللحظة تم تطابق الإرادتان ومكان انعقاد العقد هو المكان الذي تم فيه تطابق الإرادتان وهو المكان الذي تم فيه تصدير القبول[2] وقد يتم تصدير القبول عند استخدام الوسائل التقليدية بوضع الرسالة التي تعبر عن القبول في صندوق البريد. أو بتسليم البرقية لمكتب التلغراف، أو بإرسال الرسالة عن طريق الفاكس أو التلكس، ومكان إبرام العقد هو المكان الذي أرسلت منه الرسالة، وفي العادة فإن صندوق البريد أو مكتب التلغراف أو جهاز الفاكس أو التلكس توجد في مكان القابل.

ووفقًا لنظرية استلام القبول فإن زمان انعقاد العقد يتحدد في لحظة وصول القبول إلى الموجب، ومكان هذا الوصول هو مكان العقد. فالمكان الذي وصلت إليه الرسالة التي تعبر عن القبول هو مكان إبرام العقد، والرسالة التي تعبر عن القبول قد تصل إلى صندوق بريد الموجب أو جهاز الفاكس أو التلكس الخاص به أو تسلم له باليد. وصندوق البريد أو جهاز الفاكس او التلكس يوجد في العادة في مكان الموجب.

_____

(١) د. عبد الودود يحي – مرجع سابق – ص ٤٧.
(٢) د. محمد حسن قاسم – مرجع سابق – ص ٩١.

ووفقًا لنظرية العلم بالقبول. فإن زمان العقد يتحدد في اللحظة التي يعلم فيها الموجب بالقبول. ومكان إبرام العقد هو المكان الذي علم به الموجب بالقبول وهو مكان وجود الموجب[(١)].

أما إذا كان التعاقد بين حاضرين في الزمان وغائبين في المكان، مثل التعاقد بالهاتف، فمن حيث الزمان هو تعاقد بين حاضرين، أما من حيث المكان، فالمتعاقدان في جهتين مختلفتين فتجري في تعيينه قواعد التعاقد ما بين غائبين[(٢)]. فوفقًا لنظرية إعلان القبول، فإن مكان إبرام العقد هو مكان وجود القابل لأنه المكان الذي تم فيه إعلان القبول، ووفقًا لنظرية العلم بالقبول، فإن مكان إبرام العقد هو مكان وجود الموجب، لأنه المكان الذي علم فيه بالقبول[(٣)].

وهكذا يتضح وفقًا للقواعد العامة في تحديد زمان العقد، أن هناك ترابطًا بين زمان ومكان انعقاد العقد، ويكاد ينحصر مكان إبرام العقد في أحد مكانين، إما مكان وجود القابل أو مكان وجود الموجب.

وفي تحديد مكان إبرام العقد عند التعاقد عن طريق الوسائل الإلكترونية عبر الإنترنت. فأن التعاقد عن طريق شبكة الإنترنت هو تعاقد بين غائبين من حيث المكان سواء تم التعاقد باستعمال وسائل الاتصال المباشر أو وسائل الاتصال غير المباشر فالمتعاقدان في جهتين مختلفتين.

---

(١) د. عبد الرزاق السنهوري - مرجع سابق - ص ٢٣٨ - د. طلبة خطاب - مرجع سابق - ص (١٣٣).
(٢) د. عبد الرزاق السنهوري - مرجع سابق - ص ٢٣٩.
(٣) د. عبد الودود يحيى - مرجع سابق - ص (٥٠) ، د. علي نجيدة - مرجع سابق - ص (١٠١).

والتعاقد بواسطة وسائل الاتصال المباشر عبر شبكة الإنترنت - كما وضحنا فيما سبق - تعاقد بين حاضرين من حيث الزمان وغائبين من حيث المكان، وفي تحديد مكان العقد فإن الباحث يرى أنه تجري عليه قواعد التعاقد ما بين غائبين، فهذه الوسائل هي كالهاتف من حيث الوظيفة؛ لذا تعامل المعاملة ذاتها في تحديد المكان. فإذا تم التعاقد من خلال شبكة الإنترنت عن طريق برامج حاسب آلي تنقل الصوت والصورة معاً وتؤدي إلى عدم وجود فاصل زمني بين صدور القبول وعلم الموجب به، فوفقًا لنظرية إعلان القبول يتحدد مكان إبرام العقد في المكان الذي يوجد فيه القابل، ووفقاً لنظرية العلم بالقبول يتحدد مكان إبرام العقد في المكان الذي يوجد فيه الموجب.

أما التعاقد عن طريق وسائل الاتصال غير المباشر- المراسلات الإلكترونية - عبر شبكة الإنترنت، فإنه يعد تعاقدا بين غائبين من حيث الزمان والمكان، وتحديد مكان إبرام العقد في التعاقد ما بين غائبين عند استخدام الوسائل التقليدية، يتم من خلال زمانه، فأن تعين الوقت الذي انعقد فيه العقد، تعين أيضًا المكان الذي تم فيه. فهل يمكن تطبيق ذلك على التعاقد عن طريق وسائل الاتصال غير المباشر عبر الإنترنت؟.

وضحنا فيما سبق، أن معظم قوانين المعاملات الإلكترونية تحدد وقت إرسال الرسالة الإلكترونية- إذا لم يتفق الإطراف على غير ذالك - في اللحظة التي تدخل فيها الرسالة الإلكترونية نظام معلومات لا يخضع لسيطرة المرسل. ووفقاً لنظرية تصدير القبول فأن زمان انعقاد العقد يتحدد في اللحظة التي يتم فيها إرسال القبول،

فإذا تم التعبير عن القبول عن طريق رسالة إلكترونية [1] فان زمان العقد يتحدد في اللحظة التي تدخل فيها الرسالة الإلكترونية نظام معلومات لا يخضع لسيطرة المرسل،ففي تلك اللحظة تم إرسال القبول، وبما إن مكان العقد يتحدد بزمانه فسيستتبع ذلك اعتبار المكان الذي تم فيه إرسال القبول وهو في هذه الحالة مكان نظام المعلومات الذي لا يخضع لسيطرة المرسل مكان إبرام العقد، فزمان العقد تحدد في اللحظة التي دخلت فيها الرسالة الإلكترونية نظام المعلومات الذي لا يخضع لسيطرة المرسل، ففي تلك اللحظة تم إرسال القبول والمكان الذي تم فيه إرسال القبول هو المكان الذي يوجد فيه نظام المعلومات الذي لا يخضع لسيطرة المرسل.

وأيضًا تحدد بعض قوانين المعاملات الإلكترونية لحظة استلام الرسالة الإلكترونية، في اللحظة التي تدخل فيها الرسالة الإلكترونية نظام معلومات تابع للمرسل إليه، ووفقاً لنظرية استلام القبول تحدد لحظة استلام القبول في اللحظة التي يصل فيها القبول إلى الموجب والمكان الذي وصل إليه القبول هو مكان إبرام العقد. وبما إن مكان العقد يتحدد بزمانه فسيستتبع ذلك اعتبار المكان الذي وصلت إليه الرسالة الإلكترونية مكان إبرام العقد. ففي اللحظة التي دخلت فيها الرسالة الإلكترونية نظام معلومات تابع للمرسل إليه تم استلام القبول والمكان الذي تم فيه استلام القبول هو المكان الذي يوجد فيه نظام المعلومات التابع للمرسل إليه.

---

(١) معظم قوانين المعاملات الإلكترونية تعتبر الرسالة الإلكترونية وسيلة من وسائل التعبير عن الإرادة المعترف بها قانونا ونذكر من تلك القوانين قانون المعاملات الإلكترونية الأردني حيث نصت المادة ١٣ على انه " تعتبر رسالة المعلومات وسيلة من وسائل التعبير عن الإرادة المقبولة قانونا لإبداء الإيجاب أو القبول بقصد إنشاء التزام تعاقدي".

إلا أن الوسائل الإلكترونية عند استخدام شبكة الإنترنت في إرسال واستلام القبول، قد لا تكون موجودة في المكان الذي يوجد فيه القابل أو الموجب، فمن الممكن إن يكون القابل موجوداً في مكان مغاير للمكان الذي توجد فيه الوسيلة الإلكترونية التي استخدمت لإرسال القبول، أو إن يكون الموجب موجود في مكان مغاير للمكان الذي توجد فيه الوسيلة الإلكترونية التي استخدمت في استلام القبول.

فالتعاقد عن طريق الإنترنت يؤدي في معظم الحالات إلى وجود القابل في مكان مغاير للمكان الذي تم تصدير القبول منه، أو إلى وجود الموجب في مكان مغاير للمكان الذي تم استلام القبول فيه، فالمكان الفعلي الذي يتم فيه استلام أو إرسال القبول قد يكون مغاير للمكان الذي يوجد فيه القابل أو الموجب، فوفقاً لأي مكان يتم تحديد مكان إبرام العقد ؟ هل يحدد مكان إبرام العقد وفقاً للمكان الفعلي الذي تم فيه إرسال أو استلام القبول أم يحدد وفقاً للمكان الذي يوجد فيه القابل أو الموجب ؟

ومثال ذلك، إن يستخدم القابل أو الموجب نظام الهوتميل (HOTMAIL) لإرسال أو استلام القبول، وهذا النظام موجود على خادم حاسب آلي في المملكة المتحدة في مدينة لندن(١). فإذا كان القابل موجوداً في مصر واستخدم نظام الهوتميل لإرسال القبول، فمكان الإرسال الفعلي للقبول هو المملكة المتحدة بينما القابل موجود في مصر، فالوسيلة الإلكترونية التي تم عن طريقها تصدير القبول - نظام المعلومات - موجودة في مكان مغاير للمكان الذي يوجد فيه القابل، وأيضًا إذا

(١) لغاية تاريخ ٢٤/ ١١/ ٢٠٠٨ . فمن الممكن إن ينقل هذا النظام في أي وقت إلى خادم حاسب إلي آخر في دولة أخرى .

كان الموجب موجود في مصر واستخدم نظام الهوتميل لاستلام القبول. فأن مكان الاستلام الفعلي للقبول هو المملكة المتحدة.

ويتضح من المثال السابق إن التعاقد عن طريق الإنترنت يؤدي في بعض الحالات إلى وجود القابل أو الموجب في مكان مغاير للمكان الذي توجد فيه الوسيلة الإلكترونية المستخدمة لإرسال أو استلام القبول.

والمكان الفعلي الذي تم فيه إرسال القبول أو الذي تم فيه استلام القبول عند استخدام شبكة الإنترنت لا يعتبر مكان إبرام العقد، وذلك لأن اعتبار المكان الفعلي لإرسال أو استلام القبول مكان إبرام العقد سيستتبع اعتبار المكان الذي يوجد فيه نظام المعلومات مكان ابرم العقد. والمكان الذي يوجد فيه نظام المعلومات لا يعتبر مكان إبرام العقد وذلك لعدة أسباب نوضحها فيما يلي:

١- أماكن نظم المعلومات في العادة لا تقع في مكان القابل أو مكان الموجب، وهي في أغلبها أماكن عارضة تم اختيارها مصادفة.

٢- وأيضًا قد لا يعلم القابل أو الموجب أين يوجد مكان نظام المعلومات الذي عن طريقه تم إرسال أو استلام القبول، مما يرتب عدم علمهما المسبق بالقانون الذي قد يحكم العقد من حيث الشكل أو من حيث الموضوع، الأمر الذي قد يخالف توقعاتهما.

٣- وحتى لو علم القابل أو الموجب بمكان نظام المعلومات. فهذا المكان لا يتصف بالثبات ومن السهل تغييره دون أن يلاحظ الطرف الآخر. فعند استعمال الوسائل التقليدية إذا غير أحد الطرفين عنوانه يمكن ملاحظة ذلك من خلال العنوان ذاته. أما عند التعاقد عن طريق الإنترنت فمن الممكن تغيير مكان نظام المعلومات دون تغيير العنوان، فكل ما هنالك أن ينقل خادم

الحاسب الآلي (SERVER) الذي يحوي النظام إلى مكان آخر، أو ان ينقل نظام المعلومات إلى خادم حاسب آلي موجود في مكان آخر، دون تغيير العنوان الإلكتروني. عندها لا يلاحظ الطرف الآخر أن مكان إبرام العقد قد تغير. مما يستتبع اختلاف القانون الذي قد يحكم العقد من حيث الشكل أو الموضوع دون علمه، وهكذا فحتى لو علم مكان نظام المعلومات إلا أنه لا يتصف بالثبات ومن السهل تغييره.

٤- وأيضًا اعتبار مكان نظام المعلومات، مكان إبرام العقد من شأنه أن يلغي الأسس التي قامت عليها قاعدة خضوع شكل التصرف لقانون محل إبرامه. وأيضًا يلغي الاعتبارات التي دعت للأخذ بمكان إبرام العقد كضابط إسناد لتحديد القانون الواجب التطبيق على الالتزامات التعاقدية.

فقاعدة خضوع شكل التصرف لقانون محل إبرامه، وضعت لأجل مبررات واعتبارات عملية أهمها التيسير، ورفع المشقة عن المتعاملين، وذلك لأن قانون محل إبرام التصرف يكون في متناول أيدي الأطراف، ويسهل عليهم معرفة أحكامه المتعلقة بشكل ما يجرونه من تصرفات، وخضوع شكل التصرف إلى قانون آخر قد لا يعرفون أحكامه يثير القلق حول سلامة تصرفاتهم من حيث الشكل[(١)].

(١) د. عبد المجيد أبو هيف – القانون الدولي الخاص في أوروبا وفي مصر- مطبعة الاعتماد. ١٩٢٤. ص ٥٥٣ ، ٥٥٤ ، د. علي الزيني – القانون الدولي الخاص – المصري والمقارن – مطبعة الاعتماد. الجزء الأول -١٩٢٩. ص ٢٣٥ ، فقرة ١٧٩ ، د. حامد زكي – القانون الدولي الخاص المصري مطبعة نورى – الطبعة الأولى ١٩٣٦ ص ٢٩٣ ، ٢٩٤ ، د عز الدين عبدا لله – القانون الدولي الخاص المصري – مكتبة النهضة – الطبعة الثانية ١٩٥٤ ص ٣٤٦ ، د. جابر جاد عبد الرحمن – مرجع سابق ص ٥٠٤ ، د. إبراهيم أحمد إبراهيم – مرجع سابق – ص ٣٦٣ ، د. أحمد عبد الكريم سلامة علم قاعدة التنازع – مرجع سابق ص ١١٤٩.

ولأجل هذه الاعتبارات أخذت معظم التشريعات بقاعدة خضوع شكل التصرف لقانون محل إبرامه. إلا أن اعتبار مكان نظام المعلومات، هو مكان إبرام العقد من شأنه أن يقلب التيسير إلى تعسير. فالأطراف في العادة لا يعلمون مكان تلك النظم. وبالتالي قد لا يعلمون قانون المكان. فيجب عليهم في البداية وعند إجراء أي إرسال تحمل مشقة البحث عن مكان نظام المعلومات، ومن ثم تحمل مشقة الإلمام بقانون ذلك المكان حتى تأتي تصرفاتهم ضمن الشكل الذي يتطلبه ذلك القانون. وهذا بالطبع يلغي أهم المبررات التي دعت لإخضاع شكل التصرف لقانون محل إبرامه.

واتخاذ مكان الإبرام كضابط إسناد لتحديد القانون الواجب التطبيق، كان لاعتبارات من أهمها، أن العقد يرتبط بصلة قوية بمكان إبرامه. وأن مكان الإبرام يسهل على المتعاقدين الرجوع إليه للتأكد عند التعاقد من السلامة القانونية للشروط التي يزمعون إدراجها في العقد. وأيضًا عند تطبيقه يكفل وحدة القانون الواجب التطبيق على الرابطة العقدية[1].

إلا أن اعتبار مكان نظام المعلومات هو مكان إبرام العقد، من شأنه أن يلغي تلك الاعتبارات، فكما وضحنا فيما سبق، أن أماكن نظم المعلومات في العادة هي أماكن عارضة ولا تتصف بالثبات، ولا توجد في أماكن الأطراف مما يرتب عدم وجود أي صلة بينها وبين العقد، وقد لا يتمكن أطراف العقد من الإلمام بقوانينها. واعتبار المكان الذي يوجد فيه نظام المعلومات مكان إبرام العقد من شأنه أن يخضع

---

(١) د. هشام صادق - القانون الواجب التطبيق على عقود التجارة الدولية - مرجع سابق- ص ٥٥٣، فقرة ٣٧٤.

العقد ليس من حيث الشكل فحسب بل من حيث الموضوع أيضًا لقانون لا يتمكن أطراف العقد من الإلمام بإحكامه.

يتضح مما سبق، إن المكان الفعلي الذي تم فيه إرسال أو استلام القبول عند استخدام شبكة الإنترنت لا يعتبر مكان إبرام العقد، لأنه يؤدي إلى اعتبار مكان نظام المعلومات الذي تم عن طريقه إرسال أو استلام القبول مكان إبرام العقد، ونظام المعلومات في معظم الأحيان لا يوجد في المكان الذي يوجد فيه القابل أو الموجب. فالوسائل التقليدية المستخدمة لإرسال القبول مثل الفاكس أو التلكس توجد في العادة في المكان الذي يوجد فيه القابل وأيضًا الوسائل التقليدية المستخدمة لاستلام القبول توجد في العادة في المكان الذي يوجد فيه الموجب. لذا فان مكان إبرام العقد عند استخدام شبكة الإنترنت يتحدد إما في المكان الذي يوجد فيه القابل وقت إرسال القبول أو المكان الذي يوجد فيه الموجب وقت استلام القبول بصرف النظر عن المكان الذي توجد فيه الوسيلة الإلكترونية التي تم عن طريقها إرسال أو استلام القبول. وهذا لأجل إن لا يكون مكان إبرام العقد مكان مغاير للمكان الذي يوجد فيه الموجب أو القابل لمجرد استخدام شبكة الإنترنت.

وبعد إن انتهينا إلى إن مكان إبرام العقد عند استخدام شبكة الإنترنت يتحدد إما في المكان الذي يوجد فيه القابل أو المكان الذي يوجد فيه الموجب، إلا إن المشكلة هي صعوبة تحديد مكان القابل وقت إرسال القبول وصعوبة تحديد مكان الموجب وقت استلام القبول، ومثال ذلك، إن يستخدم القابل نظام معلومات مثل نظام الهوتميل لإرسال القبول حيث من الممكن ان يستخدم هذا النظام من أي مكان يوجد فيه جهاز حاسب آلي، كأن يكون موجود في مصر أو في الأردن أو في

سوريا ويرسل القبول، وأيضًا قد يستلم الموجب القبول عن طريق نظام معلومات وهو موجود في أي مكان يتوافر فيه جهاز حاسب آلي.

وأيضًا عند التعاقد عن طريق وسائل اتصال مباشر عبر الإنترنت مثل البرامج التي تنقل الصوت والصورة يصعب تحديد مكان القابل ومكان الموجب وقت التعاقد، فمن الممكن إن يكون القابل موجود في مكان مغاير للمكان الذي يوجد فيه الموجب، وهذه المشكلة يمكن حلها عند استخدام وسائل اتصال مباشر مثل الهاتف حيث يمكن تحديد الدولة التي يوجد فيها القابل أو الموجب عن طريق رقم الهاتف، ولكن عند استخدام الإنترنت يصعب تحديد مكان القابل أو الموجب فإجراء المحادثات عن طريق الإنترنت يتم في العادة عن طريق مواقع إلكترونية أو نظم معلومات موجودة في مكان مغاير للمكان الذي يوجد فيه القابل أو الموجب وإذا أمكن تحديد المكان الذي يوجد فيه الموقع الإلكتروني أو نظام المعلومات الذي تمت المحادثة عن طريقه إلا أنة يصعب تحديد مكان القابل أو الموجب الذي استخدم ذلك الموقع أو النظام.

وأماكن المواقع الإلكترونية يمكن تحديدها عن طريق عنوان بروتوكول الإنترنت (Internet Protocol address) ويقصد ببرتوكول الإنترنت[1] مجموعة القواعد والأسس التي تحدد طريقة إرسال واستقبال البيانات من جهاز حاسب الآلي لآخر عبر شبكة الإنترنت، حيث يتم تقسيم البيانات إثناء إرسالها إلى وحدات صغيرة تسمى باكيت (Packet) ويوجد داخل كل وحدة بيانات، عنوان الجهاز على شبكة

---

(١) لمزيد من التفصيل حول بروتوكولات الإنترنت بصفة عامة راجع

Behrouz A.Forouzan – TCP/IP Protocol – Mcgraw hill .٢٠٠٥

الإنترنت الذي أرسل البيانات، وعنوان الجهاز على شبكة الإنترنت المرسلة إليه تلك البيانات[١]، وعنوان برتوكول الإنترنت هو عنوان الجهاز على شبكة الإنترنت سواء كان هذا الجهاز حاسب الآلي أو أي جهاز أخر متصل بشبكة الإنترنت، ويتكون هذا العنوان من أرقام مقسمة إلى أربع خانات[٢]، بعضها مخصص للشركة أو المؤسسة التي تزود خدمة الإنترنت والبعض الآخر مخصص لرقم الجهاز لدى تلك الشركة.

وكل جهاز متصل بشبكة الإنترنت له عنوان برتوكول ولا يمكن إن يوجد نفس العنوان لأكثر من جهاز. فهذا العنوان هو الوسيلة التي يتم عن طريقها التعرف على الجهاز داخل شبكة الإنترنت وإرسال واستقبال المعلومات منه واليه[٣].

---

(١) د. طارق عبد العال حماد _ التجارة الإلكترونية _ مرجع سابق _ ص ٧٣٢.

(٢) تم تقسيم هذه الأرقام إلى ثلاث أقسام كل قسم يسمى CLASS وهي:
CLASS c / CLASS B/ CASS A فمثلا في CASS A تخصص الخانة الأولى للتعريف بالشبكة وباقي الخانات الثلاثة تخصص للتعريف بالجهاز ويستخدم هذا القسم للشركات ذات السعة الكبيرة . إما في CLASS B تخصص الخانة الأولى والثانية للتعريف بشبكة الإنترنت والخانة الثالثة والرابعة تخصص للتعريف بالجهاز ويستخدم هذا القسم في الشركات متوسطة الحجم . إما (CLASS c) فتخصص الخانة الأولى والثانية والثالثة للتعريف بشبكة الإنترنت والخانة الرابعة تخصص للتعريف بالجهاز ويستخدم هذا القسم في الشركات صغيرة الحجم والتي تستخدم عدد أجهزة قليل . ولمزيد من التفصيل راجع :

William Stallings - High Speed Networks and Internets - second edition -٢٠٠٢- Prentice Hall - P ٥٥

(٣)William Stallings - High Speed Networks and Internets - second edition -٢٠٠٢- Prentice Hall - P ٥٤

وهذا العنوان يتم منحه للجهاز من قبل شركة الإنترنت المتصل عن طريقها ذلك الجهاز، فمنذ لحظة اتصال الجهاز بشبكة الإنترنت يتم منحة عنوان بروتوكول الإنترنت (IP ADDRESS).

وعنوان بروتوكول الإنترنت قد يكون ثابت أو متغير[1]، والعنوان الثابت هو الذي يتم منحة من قبل شركات الإنترنت للمواقع الإلكترونية التي تكون متصلة بشكل دائم بشبكة الإنترنت، إما العنوان المتغير فهو العنوان الذي يتم منحة للأجهزة التي لا تكون متصلة بالإنترنت بشكل مستمر مثل أجهزة الحاسب الآلي الشخصية ففي كل مرة يتصل الحاسب الآلي بشبكة الإنترنت يمنح عنوان برتوكول جديد.

ومثال ذلك، الموقع الإلكتروني للهوتميل (www.hotmail.com) له عنوان بروتوكول ثابت هو (١٨٨. ١٦٠. ١٩.٢١٣) منح هذا العنوان للموقع من قبل شركة إنترنت موجودة في المملكة المتحدة وأيضًا الموقع الإلكتروني للغرفة العربية للتوفيق والتحكيم (www.arab-cca.org) له عنوان برتوكول ثابت هو (٧٢. ١٤٩. ٥٢. ٧٢) منح هذا العنوان للموقع من قبل شركة إنترنت موجودة في ولاية ميشيغان في الولايات المتحدة الأمريكية.

وتبادل الرسائل الإلكترونية بين أجهزة الحاسب الآلي يتم عن طريق عنوان بروتوكول الإنترنت، فكما وضحنا فيما سبق، إن لكل جهاز متصل بشبكة الإنترنت عنوان بروتوكول إنترنت حيث يتم إرسال واستقبال الرسائل الإلكترونية من والى تلك العناوين،

وبمعرفة عنوان بروتوكول الإنترنت[2]، يمكن معرفة شركة الإنترنت التي منحت ذلك العنوان[1]

(١) Andrews. Tanenbaum & Maarten Steen – distributed systems – Prentice Häll. ٢٠٠٢ – p ٦٠

(٢) يمكن معرفة عنوان بروتوكول الإنترنت لجهاز الحاسب الآلي عن طريق ملحق الرسالة المرسلة عن طريق ذلك الجهاز فكل رسالة مرسلة عن طريق جهاز حاسب آلي يذكر فيها عنوان برتوكول الإنترنت للجهاز المرسل وعنوان برتوكول الإنترنت

والدولة التي تمارس فيها تلك الشركة نشاطها(٢) ومثال

ذلك، أذا كان عنوان برتوكول الإنترنت لأحد الأجهزة المتصلة بشبكة الإنترنت هو (٨٦.١٠٨.١١٨.٤٧) ففي هذا العنوان تمثل ألخانه الأولى والثانية (٨٦.١٠٨) الأرقام الخاصة بالشركة التي تزود خدمة الإنترنت وتمثل ألخانه الثالثة والرابعة (١١٨،٤٧) رقم الجهاز لدى تلك الشركة.

للجهاز المرسلة إليه تلك الرسالة. وفي العادة فان عنوان برتوكول الإنترنت للجهاز المرسل يمكن معرفته من ملحق الرسالة المستلمة من ذلك الجهاز حيث يظهر هذا العنوان في ملحق الرسالة بعد عبارة -Originating-IP:........... . إما عنوان بروتوكول الإنترنت بالنسبة للمواقع الإلكترونية فيمكن معرفته من خلال عنوان الموقع الإلكتروني . وذلك عن طريق جهاز الحاسب الآلي . فكل عنوان موقع إلكتروني مرتبط بعنوان برتوكول إنترنت ثابت . حيث يمكن معرفة هذا العنوان بعد زيارة الموقع عن طريق جهاز الحاسب . ومثال ذلك ، إذا كان جهاز الحاسب الآلي يستخدم نظام windows xp يمكن معرفة عنوان برتوكول الإنترنت لأي موقع إلكتروني عن طريق الضغط على إيقونة start وبعدها الضغط على إيقونة RUN ومن ثم كتابة الأمر COMMAND ومن ثم تظهر شاشة يكتب فيها الأمر PING ويترك بعدها فراغ واحد ومن ثم يكتب عنوان الموقع الإلكتروني وبعد ذلك يضغط على إيقونة ENTER ومن ثم يظهر على الشاشة عنوان برتوكول الإنترنت المرتبط بذلك الموقع .

(١) Andrews. Tanenbaum & Maarten Steen – distributed systems – OP Cit – p ١٨٣

William Stallings – High Speed Networks and Internets- OP Cit – p ٥٣

(٢) عناوين برتوكولات الإنترنت ذات مصدر واحد وهناك جهة واحدة تعين عناوين برتوكولات الإنترنت في العالم هي سلطة تعيين أرقام الإنترنت Internet Assigned Numbers Authority (IANA) تابعة لحكومة الولايات المتحدة الأمريكية حيث توزع عناوين برتوكولات الإنترنت في جميع إنحاء العالم عن طريق خمس مراكز كل مركز يوزع عناوين برتوكولات الإنترنت ضمن نطاق إقليمي محدد وهذه المراكز هي :

١- AfriNIC (African Network Information Centre)

يوزع هذا المركز عناوين برتوكولات الإنترنت ضمن قارة إفريقيا انظر موقع المركزعلى شبكة الإنترنت على العنوان: http://www.afrinic.net/

٢ - APNIC (Asia Pacific Network Information Centre)=

=يوزع هذا المركز عناوين برتوكولات الإنترنت في بعض المناطق ضمن قارة أسيا والمحيط الهادي . انظر الموقع الإلكتروني للمركز: http://www.apnic.net/

٣ -ARIN (American Registry for Internet Numbers)

يوزع هذا المركز عناوين برتوكولات الإنترنت ضمن قارة أمريكا الشمالية انظر الموقع الإلكتروني للمركز http://www.arin.net/index.shtml

٤- LACNIC (Regional Latin-American and Caribbean IP Address Registry)

يوزع هذا المركز عناوين برتوكولات الإنترنت ضمن قارة أمريكا الجنوبية وبعض جزر البحر الكاريبي انظر الموقع الإلكتروني للمركز: http://lacnic.net/en/index.html

٥ - RIPE NCC (Réseaux IP Européens)

يوزع هذا المركز عناوين برتوكولات الإنترنت ضمن قارة أوروبا ومنطقة الشرق الأوسط واسيا الوسطى انظر الموقع الإلكتروني للمركز: http://www.ripe.net

وكل مركز من هذه المراكز يوزع عناوين بروتوكولات الإنترنت للشركات التي تمارس نشاط تزويد خدمات الإنترنت ضمن منطقة اختصاصه .وعن طريق تلك المراكز يمكن معرفة عنوان برتوكول الإنترنت إلى أي شركة تم منحة وفي أي دولة تمارس تلك الشركة نشاطها . كما ويمكن الحصول على هذه المعلومات عن طريق الإنترنت من خلال البحث في قواعد بيانات تلك المراكز من خلال المواقع الإلكترونية السابق ذكرها .

وبمعرفة الرقم الخاص بالشركة التي تزود خدمة الإنترنت يتم تحديد الدولة التي توجد فيها تلك الشركة. وفي المثال السابق فان عنوان بروتوكول الإنترنت (٨٦.١٠٨.١١٨.٤٧) منح للجهاز من قبل شركة الاتصالات الأردنية وهي إحدى الشركات التي تزود خدمة الإنترنت في

الأردن[1].

وإذا كان من الممكن تحديد مكان الأجهزة والمعدات التقنية المتصلة بشبكة الإنترنت عـن طريق عنوان بروتوكول الإنترنت. وهذه الأجهزة قد يستخدمها القابل أو الموجب في إرسال أو ستلام القبول فان التساؤل الذي يتبادر للذهن هو: هل يمكن تحديد المكـان الـذي يوجـد فيه القابـل أو الموجب عن طريق عنوان برتوكول الإنترنت ؟

التعاقد عن طريق الإنترنت يتم بأكثر من وسيلة إلكترونية، فمن الممكن إن يتم التعاقد عـن طريق المواقع الإلكترونية، أو إن يستخدم احد الإطراف جهاز حاسب آلي ويستخدم الطرف الآخر موقع إلكتروني، أو إن يتم التعاقد عن طريق تبادل الرسائل الإلكترونية عبر البريد الإلكتروني.

فإذا استخدم إطراف العقد المواقع إلكترونية، كأن يرسل احد الإطراف رسالة إلكترونيـة عـن طريق الموقع الإلكتروني الخاص به إلى الموقع الإلكتروني الخـاص بـالطرف الآخـر، أو أن يـتم تبـادل المراسلات الإلكترونية بين المواقع الإلكترونية بشكل آلي، ففي هـذه الحـالات يمكن تحديد مكان خادم الحاسب الآلي الذي يحوي الموقع الإلكتروني عـن طريق عنـوان بروتوكول الإنترنت، فكمـا وضحنا فيما سبق، إن كل موقع إلكتروني مرتبط بعنوان برتوكول إنترنت ثابت ومن خلال

---

(١) انظر قاعدة بيانات مركز (RIPE NCC (Réseaux IP Européens والذي يزود عنـاوين برتوكولات الإنترنت لقـارة أوروبـا ومنطقة الشرق الأوسط على العنوان http://www.ripe.net/whois. وبعد البحث في قاعدة البيانات هـذه تبين إن عنوان برتوكول الإنترنت (٨٦.١٠٨.١١٨.٤٧) تم منحة من قبل المركز لشركة الاتصالات الأردنية والتي تمارس نشاطها في الأردن .

هذا العنوان يمكن تحديد المكان الذي يوجد فيه الموقع، ولكن قد لا يكون الطرف صاحب ذلك الموقع موجودا في المكان ذاته، فلمواقع الإلكترونية من الممكن إدارتها والإشراف عليها مـن أي مكان.

إما إذا استخدم احد إطراف العقد جهاز الحاسب آلي الخاص به، واستخدم الطـرف الآخـر موقع إلكتروني، فان عناوين برتوكولات الإنترنت التي ترسل وتستقبل الرسالة الإلكترونيـة عـن طريقها، هي عنوان برتوكول جهاز الحاسب الآلي وعنوان برتوكول خادم الحاسب الآلي الـذي يوجد علية الموقع الإلكتروني، وبالنسبة للطرف الذي يستخدم جهاز الحاسب الآلي مـن الممكـن تحديـد المكان الذي يوجد فيه عـن طريـق عنـوان برتوكول جهاز الحاسب الآلي الـذي يستخدمه[1]، إمـا بالنسبة للطرف الذي يستخدم الموقع الإلكتروني فمن الممكن تحديد المكان الذي يوجد فيه خادم الحاسب الآلي الذي يحوي الموقـع الإلكتروني وقد لا يكون الطرف الـذي يستخدم ذلك الموقع موجودا في المكان ذاته. فلمواقع الإلكترونية من الممكن إدارتها من أي مكان.

---

(١) وفي الواقع العملي ، فان العديد من المواقع الإلكترونية التجارية على شبكة الإنترنت تستخدم برامج حاسب آلي لتحديـد الأماكن التي يوجد فيه الأشخاص الذين يتصفحون تلك المواقع ، حيث يقوم البرنامج بالبحث في قواعد بيانات الشركات السابق ذكرها عن عنوان برتوكول الإنترنت الخاص بجهاز الحاسب الآلي للشخص الذي يتصفح الموقع لتحديد المكان الـذي يوجد فيه ذلك الشخص ومن هذه البرامج نذكر برنامج يدعى (Ipligence) ولمزيد من التفصيل حول هذا البرنامج انظر :
http://www.ipligence.com/

وإما إذا استخدم إطراف العقد أجهزة حاسب آلي شخصية، كأن يتم تبادل الرسائل الإلكترونية عن طريق تلك الأجهزة ، فمن الممكن تحديد المكان الذي يوجد فيه احد الإطراف عن طريق تحديد المكان الذي يوجد فيه جهاز الحاسب الآلي الذي استخدمه، إذا لم يستخدم ذلك الطرف وسيلة لإخفاء عنوان بروتوكول الإنترنت الخاص بجهاز الحاسب الآلي[(١)].

يتضح من هذا. إن عنوان بروتوكول الإنترنت لا يمكن التعويل علية في تحديد المكان الذي يوجد فيه القابل أو المكان الذي يوجد فيه الموجب[(٢)] لأنه في معظم المراسلات الإلكترونية توجد الأجهزة والمعدات التقنية التي تستخدم لإرسال أو استلام

---

(١) ففي الواقع العملي هناك العديد من برامج الحاسب آلي تستخدم لأجل إخفاء عنوان برتوكول الإنترنت لأجهزة الحاسب الآلي الشخصية . حيث تعمل هذه البرامج على إرسال واستقبل المعلومات من والى الحاسب الآلي عن طريق خادم حاسب آلي موجود في مكان مغير للمكان الذي يوجد فيه الحاسب الآلي . حيث يظهر للطرف الآخر عنوان برتوكول الإنترنت الخاص بخادم الحاسب الآلي وليس عنوان برتوكول جهاز الحاسب الآلي . ومن هذه البرامج نذكر برنامج يدعى (Hide My IP ٢٠٠٧) ولمزيد من التفصيل انظر الموقع الإلكتروني للبرنامج /http://www.hide-my-ip.com . وأيضًا برنامج حاسب آلي يدعى (IP Changer) ولمزيد من التفصيل عن طريقة عمل البرنامج انظر: /http://www.change-ip-address.com

(٢) ولقد تطرقت المذكرة الإيضاحية لاتفاقية الأمم المتحدة المتعلقة باستخدام الخطابات الإلكترونية في العقود الدولية لهذا الموضوع حيث ذكرت " إن المعلومات الملحقة بالرسائل الإلكترونية مثل عناوين بروتوكولات الإنترنت، التي ليس لها ، رغم موضوعيتها الواضحة ، إلا قيمة حاسمة ضئيلة ، إن كان لها قيمة ، في تحديد المكان المادي للطرفين ." انظر المذكرة الإيضاحية للاتفاقية ص ٤٤.

القبول والتي يمكن تحديد المكان الذي توجد فيه عـن طريـق عنـوان برتوكـول الإنترنـت في مكان مغاير للمكان الذي يوجد فيه القابل أو الموجب، وأيضًا فانه حتى في الحالات التي يوجد فيها الحاسب الآلي الذي استخدم لإرسال أو استلام القبول في المكان الذي يوجد فيـه القابـل أو الموجب إلا أنة من السهل إخفاء عنوان برتوكول الإنترنت الخاص بذلك الجهاز من قبل القابل أو الموجب.

وهكذا فان من أهم المشكلات الناجمة عن استخدام شـبكة الإنترنـت هـي مشـكلة تحديـد مكان إبرام العقد، ويعود السبب في ذلك إلى عـدم وجـود تقنيـة لغايـة ألان يمكـن التعويـل عليهـا لتحديد المكان الذي يوجد فيه القابل أو الموجب عند إرسال أو استلام القبول.

المطلب الثاني

تحديد مكان العقد وفقًا لقوانين المعاملات الإلكترونية

تطرقت بعض قوانين المعاملات الإلكترونية لمشكلة تحديد مكان إرسال واستلام الرسائل الإلكترونية، ولقد عالجت تلك المشكلة عن طريق تحديد أماكن معينة تعتبر أنها أماكن إرسال واستقبال الرسائل الإلكترونية. ولقد جاءت معظم تلك القوانين[1] بنصوص مماثلة لنص الفقرة (٤) من المادة (١٥) من نموذج قانون لجنة الأمم المتحدة للقانون التجاري الدولي بشأن التجارة الإلكترونية، حيث نصت تلك الفقرة على انه "ما لم يتفق المنشئ والمرسل إليه على غير ذلك يعتبر أن رسالة البيانات أرسلت من المكان الذي يقع فيه مقر عمل المنشئ، ويعتبر أنها استلمت في المكان الذي يقع فيه مقر عمل المرسل إليه ولأغراض هذه الفقرة:

أ - إذا كان للمنشئ أو المرسل إليه أكثر من مقر عمل واحد، كان مقر العمل هو المقر الذي له أوثق علاقة بالمعاملة المعنية، أو مقر العمل الرئيسي إذا لم توجد مثل تلك المعاملة.

(١) نذكر من هذه القوانين: قانون المعاملات الإلكترونية الأردني رقم ٥٨ لسنة ٢٠٠١ ، المادة ١٨ ، قانون التجارة الإلكترونية البحريني الفقرة (٣) من المادة ١٥ ، قانون إمارة دبي بشأن المعاملات الإلكترونية رقم (٢) لسنة ٢٠٠٢ الفقرة ٣ ، ٤ من المادة ١٧ ، قانون التجارة الإلكترونية الأيرلندي لسنة ٢٠٠٠ الفقرة ٥ ، ٦ من المادة ١٧ ، قانون التجارة الإلكترونية الفلبيني لسنة ٢٠٠٠ الفقرة ٤ من المادة ١٨ قانون التجارة الإلكترونية الإيراني المادة ٢٩.

ب- إذا لم يكن للمنشئ أو المرسل إليه مقر عمل، يشار من ثم إلى محل إقامته المعتاد ".

وأيضًا تطرقت اتفاقية الأمم المتحدة المتعلقة باستخدام الخطابات الإلكترونية في العقود الدولية، لحل مشكلة تحديد مكان إرسال واستلام الرسائل الإلكترونية، وذلك مـن خـلال المـادة (٦) والفقرة (٣) من المادة (١٠)، حيث نصت تلك المواد على الآتي:

١- نصت المادة (٦) من الاتفاقية السابق ذكرها على انه:

"١- لأغراض هذه الاتفاقية، يفترض أن يكون مقر عمل الطرف هو المكان الذي يعينه ذلك الطرف، ما لم يثبت طرف آخر أن الطرف الذي عين ذلك المكان ليس له مقر عمل فيه.

٢- إذا لم يعين الطرف مقر عمل وكان له أكثر من مقر عمل واحد. كان مقر العمل، لأغراض هذه الاتفاقية، هو المقر الأوثق صلة بالعقد المعني، مع إيلاء اعتبار للظروف التـي كانـت الأطراف على علم بها أو تتوقعها في أي وقت قبل إبرام العقد أو عند إبرامه.

٣- إذا لم يكن للشخص الطبيعي مقر عمل، أخذ بمحل إقامته المعتاد.

٤- لا يكون المكان مقر عمل لمجرد أنه:

(أ) توجد فيه المعدات والتكنولوجيا الداعمة لنظام المعلومات الذي يستخدمه الطرف في سياق تكوين العقد، أو

(ب) يمكن فيه لأطراف أخرى أن تصل إلى نظام المعلومات المعني.

٥- إن مجرد استخدام الطرف اسم نطاق أو عنوان بريد إلكتروني ذا صلة ببلد معين لا ينشئ قرينة على أن مقر عمله يوجد في ذلك البلد".

٢- ونصت الفقرة (٣) من المادة (١٠) من الاتفاقية السابق ذكرها على انه "يعتبر الخطاب الإلكتروني قد أرسل من المكان الذي يوجد فيه مقر عمل المنشئ ويعتبر قد تلقي في العنوان الذي يوجد فيه مقر عمل المرسل إليه. حسبما تقررهما المادة٦ ".

ويمكننا أن نبدي بعض الملاحظات على تلك النصوص كالتالي:

الملاحظة الأولى: عالجت اتفاقية الأمم المتحدة المتعلقة باستخدام الخطابات الإلكترونية في العقود الدولية ونموذج قانون لجنة الأمم المتحدة بشأن التجارة الإلكترونية، مشكلة تحديد مكان إرسال واستلام الرسائل الإلكترونية عن طريق اعتبار أماكن معينة أماكن إرسال واستلام الرسائل الإلكترونية بصرف النظر عن الأماكن الفعلية التي تم فيها إرسال أو استلام الرسائل الإلكترونية، حيث يعتبر نموذج القانون والاتفاقية إن مكان إرسال الرسالة الإلكترونية هو المكان الذي يقع فيه مقر عمل المرسل، وان مكان استلام الرسالة الإلكترونية هو المكان الذي يقع فيه مقر عمل المرسل إليه، فإذا كان المكان الذي يوجد فيه نظام المعلومات الذي تم إرسال الرسالة الإلكترونية عن طريقة لا يوجد في المكان الذي يقع فيه مقر عمل المرسل لا يعتد بهذا المكان، وتعتبر الرسالة الإلكترونية قد أرسلت من المكان الذي يقع فيه مقر عمل المرسل.

وأيضًا إذا استلمت الرسالة الإلكترونية عن طريق نظام معلومات لا يقع في المكان الذي يوجد فيه مقر عمل المرسل إليه لا يعتد بهذا المكان وتعتبر الرسالة الإلكترونية قد استلمت في المكان الذي يوجد فيه مقر عمل المرسل إليه، فإذ كانت الوسيلة الإلكترونية التي عن طريقها تم استلام الرسالة الإلكترونية توجد في مكان مغايَر للمكان الذي يوجد فيه مقر عمل المرسل إليه يعتبر المكان الذي تم فيه استلام الرسالة الإلكترونية هو المكان الذي يوجد فيه مقر عمل المرسل إليه.

الملاحظة الثانية: تفترض الاتفاقية أن أحد الأطراف قد يعين مقر عمله فيما يخص عقد ما. وهذا أمر متوقع في التجارة الإلكترونية عبر الإنترنت. فقد يرى بائع عبر الإنترنت، يحتفظ بعده مستودعات في أماكن مختلفة قد تشحن منها سلع مختلفة تنفيذا لطلب شراء واحد أجري باستخدام وسيلة إلكترونية. إن هناك حاجة إلى تعيين أحد تلك الأماكن كمقر عمل له. فيما يخص عقدًا ما[1]. والفقرة (١) من المادة (٦) من الاتفاقية تأخذ بهذا الفرض. وتعتبر هذا التعيين قرينة على وجود مقر عمل الطرف في ذلك المكان المعين. إلا أنها قرينة يمكن إثبات عكسها كأن يثبت الطرف الآخر أن الطرف الذي عين المكان لا يوجد له مقر عمل فيه. بينما نموذج القانون لا يأخذ بهذا الفرض.

الملاحظة الثالثة: تنص الاتفاقية صراحة على عدم اعتبار مكان نظام المعلومات أو مكان المعدات التكنولوجيا أماكن عمل، بينما لم يرد نص مثل هذا في نموذج القانون.

(١) انظر المذكرة الإيضاحية لاتفاقية الأمم المتحدة المتعلقة باستخدام الخطابات الإلكترونية في العقود الدولية ص(٤٢).

الملاحظة الرابعة: لم تحدد الاتفاقية أو نموذج القانون مقر عمل الأشخاص الاعتبارية التي لا يوجد لها مقر عمل[1]. مثل الشركات أو المؤسسات التي تنشأ مواقع على شبكة الإنترنت وتمارس نشاطها من خلالها،ولا تتخذ في أي دولة مقر عمل.

الملاحظة الخامسة: لا تجيز الاتفاقية للأطراف الاتفاق على مخالفتها فيما يتعلق بتحديد مكان إرسال واستقبال الرسائل الإلكترونية حيث حددت مكان إرسال واستقبال الرسائل الإلكترونية بصيغة آمرة. أما نموذج القانون، فلقد أجاز للأطراف الاتفاق على مخالفته. حيث يتمكن الأطراف من الاتفاق على اعتبار أماكن معينة أماكن إرسال واستقبال الرسائل الإلكترونية.

الملاحظة السادسة: وفقاً لنص المادة (٦) والفقرة (٣) من المادة (١٠) من اتفاقية الأمم المتحدة المتعلقة باستخدام الخطابات الإلكترونية في العقود الدولية السابق ذكره[2]. ووفقاً لنص الفقرة(٤) من المادة (١٥) من نموذج القانون السابق ذكرها - إذا لم يتفق المرسل والمرسل إليه على غير ذلك- يتحدد مكان إرسال الرسالة الإلكترونية في المكان الذي يقع فيه مقر عمل المرسل وان لم يكن للمرسل مقر عمل يتحدد مكان إرسال الرسالة الإلكترونية في المكان الذي يقيم فيه عادةً. ويتحدد مكان استلام الرسالة الإلكترونية في المكان الذي يقع فيه مقر عمل المرسل إليه وان لم يكن للمرسل إليه مقر عمل يتحدد مكان إرسال الرسالة في المكان الذي يقيم فيه عادةً .

---

(١) تناول قانون التجارة الإلكترونية البحريني هذه المسألة حيث حدد مقر عمل تلك الأشخاص في البلد الذي تأسست فيه متخذا من معيار بلد التأسيس معيارا لتحديد مقر عمل تلك الأشخاص حيث نصت الفقرة ج من البند (٣) من المادة ١٥ على ". . . يعتبر مقر إقامة الشخص الاعتباري هو المكان الذي تأسس فيه ".

(٢) ذكرت المذكرة الإيضاحية لاتفاقية الامم المتحدة المتعلقة باستخدام الخطابات الإلكترونية في العقود الدولية ان الغرض من المادة (٦) هو تحديد المكان الذي يوجد فيه الشخص عند استخدام الوسائل الإلكترونية وتحديد مكان إبرام العقد . انظر المذكرة الإيضاحية للاتفاقية ص ٤٢

وبناءً على ذلك، إذا كانت الرسالة الإلكترونية تعبر عن إيجاب أو قبول[1]. فان مكان إرسال القبول هو المكان الذي يقع فيه مقر عمل القابل وان لم يكن للقابل مقر عمل يتحدد مكان إرسال القبول في المكان الذي يقيم فيه عادةً، ومكان استلام القبول هو المكان الذي يقع فيه مقر عمل الموجب وان لم يكن للموجب مقر عمل يتحدد مكان استلام القبول في المكان الذي يقيم فيه عادةً، وتبعاً لذلك، يتحدد مكان إبرام العقد إما في المكان الذي يقع فيه مقر عمل القابل أو المكان الذي يقع فيه مقر عمل الموجب وان لم يكن للقابل أو الموجب مقر عمل يتحدد مكان إبرام العقد أما في المكان الذي يقيم فيه القابل أو المكان الذي يقيم فيه الموجب.

رأينا الخاص:

وضحنا فيما سبق، إن مكان إرسال الرسالة الإلكترونية هو المكان الذي يوجد فيه القابل، وان مكان استلام الرسالة الإلكترونية هو المكان الذي يوجد فيه الموجب، بصرف النظر عن المكان الذي تم فيه استلام أو إرسال القبول، لأنه عند استخدام شبكة الإنترنت لإرسال أو استلام القبول تكون الوسيلة الإلكترونية المستخدمة في إرسال أو استلام القبول في معظم الحالات موجودة في مكان مغاير للمكان الذي يوجد فيه القابل أو الموجب. وان المشكلة الناجمة عن استخدام الوسائل الإلكترونية عبر الإنترنت هي صعوبة تحديد المكان الذي يوجد فيه القابل أو الموجب وقت إرسال

(١) نصت الفقرة (١) من المادة (١١) من نموذج القانون على انة " في سياق تكوين العقود وما لم يتفق الطرفان على غير ذلك ، يجوز استخدام رسائل البيانات للتعبير عن العرض وقبول العرض ......"

أو استلام الرسالة الإلكترونية في معظم المراسلات الإلكترونية. وذلك لعدم وجود تقنية - لغاية ألان - يمكن التعويل عليها في تحديد المكان الذي يوجد فيه القابل أو الموجب وقت إرسال أو استلام القبول.

وحل هذه المشكلة يتم عن طريق اعتبار مكان معين هو المكان الذي يوجد فيه القابل وقت إرسال الرسالة الإلكترونية، واعتبار مكان معين هو المكان الذي يوجد فيه الموجب وقت استلام الرسالة الإلكترونية، وبما إن الرسائل عند استخدام الوسائل التقليدية ترسل في العادة من المكان الذي يوجد فيه مقر عمل القابل، وتستلم في العادة في المكان الذي يوجد فيه مقر عمل الموجب. لذا فأنة إذا كان من العسير تحديد المكان الذي يوجد فيه القابل وقت إرسال الرسالة الإلكترونية يعتبر إن الرسالة الإلكترونية قد أرسلت من المكان الذي يوجد فيه مقر عمله، وإذا كان من العسير تحديد المكان الذي يوجد فيه الموجب وقت استلام الرسالة الإلكترونية يعتبر إن الرسالة الإلكترونية قد استلمت في المكان الذي يوجد فيه مقر عمله.

لذا فأن اعتبار إن مكان إرسال القبول هو المكان الذي يوجد فيه مقر عمل القابل ومكان استلام القبول هو المكان الذي يوجد فيه مقر عمل الموجب وفقاً لقوانين المعاملات الإلكترونية السابق ذكرها، كان لأجل صعوبة تحديد المكان الذي يوجد فيه القابل أو الموجب وقت إرسال أو استلام القبول[١].

ولكن ليس من العسير تحديد المكان الذي يوجد فيه القابل أو الموجب وقت إرسال أو استلام الرسالة الإلكترونية في جميع المراسلات الإلكترونية عبر الإنترنت. فمن الممكن إن يثبت القابل أو الموجب انه وقت إرسال أو استلام الرسالة الإلكترونية

(١) انظر المذكرة الإيضاحية لاتفاقية الأمم المتحدة المتعلقة باستخدام الخطابات الإلكترونية في العقود الدولية ، ص ٤٢.

كان موجوداً في مكان مغاير للمكان الذي يوجد فيه مقر عمله. ووجـود القابـل أو الموجـب في مكان مغاير للمكان الذي يوجد فيه مقر العمل وقت إرسال أو استلام القبول واقعة مادية يمكن إثباتها بكافة طرق الإثبات.

لذا نقترح إن يتم تحديد مكان إرسال الرسالة الإلكترونية في المكان الذي يوجد فيه القابـل وقت إرسال الرسالة الإلكترونية، إذا اثبت أنه كان موجودا وقت إرسال الرسالة الإلكترونية في مكان مغاير للمكان الذي يوجد فيه مقر عمله. وإن لم يتمكن القابل من إثبات انه كان موجـودا في مكان مغاير للمكان الذي يوجد فيه مقر عمله وقت إرسال الرسالة الإلكترونية أو لم يتمكن الموجب مـن إثبات إن القابل كان موجودا في مكان مغاير للمكان الذي يوجد فيه مقر عمله وقت إرسال الرسالة الإلكترونيـة، يعتبر إن الرسالة الإلكترونية قد أرسلت من المكان الذي يوجد فيه مقر عمله.

وان يحدد مكان استلام الرسالة الإلكترونية في المكان الـذي يوجـد فيـه الموجـب وقـت استلام الرسالة الإلكترونية، إذا اثبت أنة كان موجودا وقت استلام الرسالة الإلكترونية في مكان مغاير للمكان الذي يوجد فيه مقر عمله، وان لم يتمكن الموجب من إثبات أنة كان موجودا في مكان مغـاير للمكان الذي يوجد فيه مقر عمله أو لم يتمكن القابل من إثبات إن الموجب كان موجـودا في مكان مغاير للمكان الذي يوجد فيه مقر عمله يعتبر إن الرسالة الإلكترونية قد استلمت في المكان الـذي يوجـد فيـه مقر عمل الموجب.

وذلك لأن مكان إبرام العقد وفقاً للقواعد العامة يتحدد إما في المكان الذي يوجد فيه القابـل أو المكان الذي يوجد فيه الموجب سواء تم تصدير أو استلام القبول عن طريق وسيلة تقليديـة أو وسيلة إلكترونية. ولكن اذا أدى استخدام الوسيلة

الإلكترونية إلى صعوبة تحديد المكان الـذي يوجـد فيـه القابـل أو الموجب يعتـبر إن القابـل أو الموجب موجودا في المكان الذي يوجد فيه مقر عمله ويتحدد مكان إبرام العقد إما في المكان الـذي يوجد فيه مقر عمل القابل أو المكان الذي يوجد فيه مقر عمل الموجب، إما إذا لم تكن هناك صعوبة في تحديد المكان الذي يوجد فيه القابل أو المكان الذي يوجد فيه الموجب وقت تصدير أو استلام القبول، كأن يثبت القابل أو الموجب انه كان موجودا وقت تصدير أو اسـتلام القبـول في مكان مغـاير للمكان الذي يوجد فيه مقر عمله فان مكان إبرام العقد هو المكان الذي يوجد فيه القابل أو المكان الذي يوجد فيه الموجب وليس المكان الذي يوجد فيـه مقـر عمل القابل أو المكان الـذي يوجد فيه مقـر عمـل الموجب.

ملاحق الدراسة

اتفاقية الأمم المتحدة المتعلقة
باستخدام الخطابات الإلكترونية
في العقود الدولية

ملاحق الدراسة

اتفاقية الأمم المتحدة المتعلقة

باستخدام الخطابات الإلكترونية في العقود الدولية ^(١)

الفصل الأول - مجال الانطباق

المادة ١ - نطاق الانطباق

١- تنطبق هذه الاتفاقية على استخدام الخطابات الإلكترونية في سياق تكوين العقد أو تنفيذ عقد بين أطراف تقع مقار عملها في دول مختلفة.

٢- يصرف النظر عن وقوع مقار عمل الأطراف في دول مختلفة عندما لا تتبين هذه الحقيقة من العقد أو من أي تعاملات بين الأطراف أو من المعلومات التي تفصح عنها الأطراف في أي وقت قبل إبرام العقد أو عند إبرامه.

٣- لا تؤخذ جنسية الأطراف ولا الصفة المدنية أو التجارية للأطراف أو للعقد في الاعتبار لدى تقرير انطباق هذه الاتفاقية.

---

(١) منشورات الأمم المتحدة

Sales No. A.٠٧.V.٢
ISBN ٩٧٨-٩٢-١-٦٣٣٠٣٣-٠

المادة ٢ - الاستبعادات

١- لا تنطبق هذه الاتفاقية على الخطابات الإلكترونية المتعلقة بأي مما يلي:

(أ) العقود المبرمة لأغراض شخصية أو عائلية أو منزلية؛

(ب) (١) المعاملات المتعلقة بتبادل خاضع للوائح تنظيمية ؛ (٢) معاملات النقد الأجنبي؛ (٣) نظم الدفع فيما بين المصارف أو اتفاقات الدفع فيما بين المصارف أو نظم المقاصة والتسوية المتعلقة بالأوراق المالية أو غيرها من الأصول أو الصكوك المالية ؛ (٤) إحالة الحقوق الضمانية في بيع الأوراق المالية أو غيرها من الأصول أو الصكوك المالية المودعة لدى وسيط أو إقراضها أو إيداعها أو الاتفاق على إعادة شرائها.

٢ - لا تنطبق هذه الاتفاقية على السفاتج (الكمبيالات) أو السندات الاذنية أو بيانات الشحن أو سندات الشحن أو إيصالات المستودعات أو أي مستند قابل للإحالة أو صك يعطي حامله أو المستفيد منه حقا في المطالبة بتسليم بضاعة أو بدفع مبلغ من المال

المادة ٣ - حرية الأطراف

يجوز للأطراف استبعاد سريان هذه الاتفاقية أو الخروج عن أي من أحكامها أو تغيير مفعوله.

الفصل الثاني. أحكام عامة

المادة ٤ – التعاريف

لأغراض هذه الاتفاقية:

أ) يقصد بتعبير "الخطاب" أي بيان أو إعلان، أو مطلب، أو إشعار أو طلب، بما في ذلك أي عـرض وقبول العرض، يتعين الأطراف توجيهه أو تختار توجيهه في سياق تكوين العقد أو تنفيذه ؛

(ب) يقصد بتعبير "الخطاب الإلكتروني" أي خطاب توجهه الأطراف بواسطة رسائل بيانات ؛

(ج) يقصد بتعبير "رسالة بيانات" المعلومات المنشأة أو المرسلة أو المتلقاة أو المخزنة بوسائل إلكترونيـة أو مغنطيسـية أو بصريـة أو بوسـائل مشـابهة تشـمل، عـلى سـبيل المثـال، التبـادل الإلكتروني للبيانات أو البريد الإلكتروني أو البرق، أو التلكس أو النسخ البرقي ؛

(د) يقصد بتعبير "منشئ" الخطاب الإلكتروني الطرف الذي أرسل الخطاب الإلكتروني أو أنشأه قبل تخزينه، أن حدث تخزين، أو من قام بذلك نيابة عنه، ولكنة لا يشـمل الطـرف الـذي يتصرف كوسيط فيما يخص ذلك الخطاب الإلكتروني؛

(هـ) يقصد بتعبير "المرسل إليه" فيما يتعلق بخطاب إلكتروني، الطرف الـذي يريده المنشـئ أن يتلقى الخطاب الإلكتروني، ولكنه لا يشـمل الطرف الـذي يتصرف كوسـيط فيما يخص ذلك الخطاب الإلكتروني؛

(و) يقصد بتعبير "نظام المعلومات" نظام لإنشاء رسائل البيانات أو إرسالها أو تلقيها أو تخزينها أو معالجتها على أي نحو آخر ؛

(ز) يقصد بتعبير "نظام رسائل آلي" برنامج حاسوبي أو وسيلة إلكترونية أو وسيلة آلية أخرى تستخدم لاستهلال إجراء ما أو للاستجابة كليا أو جزئيا لرسائل بيانات أو لعمليات تنفيذها، دون مراجعة أو تدخل من شخص طبيعي في كل مرة يستهل فيها النظام إجراء ما أو ينشئ استجابة ما؛

(ح) يقصد بتعبير "مقر العمل" أي مكان يحتفظ فيه الطرف بمنشأة غير عارضة لمزاوله نشاط اقتصادي غير التوفير المؤقت لسلع أو خدمات من مكان معين.

المادة ٥ - التفسير

١- لدى تفسير هذه الاتفاقية، يولى اعتبار لطابعها الدولي ولضرورة تعزيز الاتساق في تطبيقها ومراعاة حسن النية في التجارة الدولية.

٢- المسائل المتعلقة بالأمور التي تحكمها هذه الاتفاقية ولكن لا تحسمها بوضوح تسوى وفقا للمبادئ العامة التي تقوم عليها أو وفقا للقانون المنطبق بمقتضى ـ قواعد القانون الدولي الخاص، في حال عدم وجود مثل تلك المبادئ.

المادة ٦- مكان الأطراف

١- لأغراض هذه الاتفاقية، يفترض أن يكون مقر عمل الطرف هو المكان الذي يعينه ذلك الطرف، ما لم يثبت طرف آخر أن الطرف الذي عين ذلك المكان ليس له مقر عمل فيه.

٢- إذا لم يعين الطرف مقر عمل وكان له أكثر من مقر عمل واحد. كان مقر العمل، لأغراض هـذه الاتفاقية، هو المقر الأوثق صلة بالعقد المعني، مع إيلاء اعتبار للظروف التـي كانت الأطراف على علم بها أو تتوقعها في أي وقت قبل إبرام العقد أو عند إبرامه.

٣- إذا لم يكن للشخص الطبيعي مقر عمل، أخذ بمحل إقامته المعتاد.

٤- لا يكون المكان مقر عمل لمجـرد أنـه: (أ) توجـد فيـه المعـدات والتكنولوجيـا الداعمـة لنظـام المعلومات الذي يستخدمه الطرف في سياق تكوين العقد، أو (ب) يمكن فيه لأطراف أخـرى أن تصل إلى نظام المعلومات المعني.

٥- إن مجرد استخدام الطرف اسم نطاق أو عنوان بريد إلكتروني ذا صلة ببلد معين لا ينشئ قرينـة على أن مقر عمله يوجد في ذلك البلد.

المادة ٧ - اشتراطات الإبلاغ

ليس في هذه الاتفاقية ما يمس بانطباق أي قاعدة قانونيه قد تلزم الأطراف بالإفصاح عن هويتها، أو مقار عملها أو عن معلومات أخرى، أو ما يعفي أي طرف من العواقب القانونية لتقديم بيانات غير دقيقة أو ناقصة أو كاذبة في ذلك الصدد.

الفصل الثالث- استخدام الخطابات الإلكترونية في العقود الدولية

المادة ٨ - الاعتراف القانوني بالخطابات الإلكترونية

١- لا يجوز إنكار صحة الخطاب أو العقد أو إمكانية إنفاذه لمجرد كونه على شكل خطاب إلكتروني.

٢ - ليس في هذه الاتفاقية ما يلزم أي طرف باستخدام الخطابات الإلكترونية أو قبولها، ولكن يجوز الاستدلال على موافقة الطرف على ذلك من سلوك ذلك الطرف.

المادة ٩ – اشتراطات الشكل

١- ليس في هذه الاتفاقية ما يشترط إنشاء الخطاب أو تكوين العقد أو إثباتهما في أي شكل معين.

٢ - حيث يشترط القانون أن يكون الخطاب أو العقد كتابيا، أو ينص على عواقب لعدم وجود كتابة، يعتبر ذلك الاشتراط أستوفي بالخطاب الإلكتروني إذا كان الوصول إلى المعلومات الواردة فيه متيسرا على نحو يتيح استخدامها في الرجوع إليها لاحقا.

٢- حيث يشترط القانون أن يكون الخطاب أو العقد ممهورا بتوقيع طرف ما، أو ينص على عواقب لعدم وجود توقيع، يستوفى ذلك الاشتراط فيما يخص الخطاب الإلكتروني إذا:

(أ) استخدمت طريقة ما لتعيين هوية الطرف المعني وتبين نية ذلك الطرف فيما يخص المعلومات الواردة في الخطاب الإلكتروني ؛

(ب) وكانت الطريقة المستخدمة:

"١" موثوق بها بقدر مناسب للغرض الذي أنشئ الخطاب الإلكتروني أو أرسل من أجله، في ضوء كل الملابسات، بما فيها أي أتفاق ذي صلة ؛ أو

"٢" قد أثبتت فعليا، بحد ذاتها أو مقترنة بأدلة إضافية أنها أوفت بالوظائف المذكورة في الفقرة الفرعية (أ) أعلاه.

٤ - حيثما يشترط القانون وجوب إتاحة الخطاب أو العقد أو الاحتفاظ به في شكله الأصلي، أو ينص على عواقب لعدم وجود مستند أصلي، يعتبر ذلك الاشتراط قد استوفي فيما يخص الخطاب الإلكتروني إذا:

(أ) وجدت وسيلة موثوق بها تؤكد سلامة المعلومات الواردة فيه منذ الوقت الذي أنشئ فيه أولا في شكله النهائي، كخطاب إلكتروني أو غير ذلك ؛

(ب) وكانت المعلومات الواردة فيه، حيثما يشترط أن تكون متاحة، قابلة للعرض على الشخص الذي يتعين أن تتاح له.

٥ - لإغراض الفقرة ٤ (أ):

(أ) تكون معايير تقييم سلامة المعلومات هي ما إذا كانت تلك المعلومات قد ظلت كاملة ودون تحوير، بصرف النظر عن إضافة أي مصادقة وأي تغيير ينشأ في السياق المعتاد لإرسال والتخزين والعرض ؛

(ب) تقدر درجة الموثوقية المطلوبة في ضوء الغرض الذي أنشئت المعلومات مـن اجلـه وفي ضـوء جميع الظروف ذات الصلة.

المادة ١٠ - وقت ومكان إرسال الخطابات الإلكترونية وتلقيها

١- وقت إرسال الخطاب الإلكتروني هو الوقت الذي يغادر فيه ذلك الخطاب نظام معلومات يقع تحت سيطرة المنشئ أو الطرف الذي أرسل الخطاب نيابة عن المنشئ، أو وقت تلقي الخطاب الإلكتروني إذا لم يكن قد غادر نظام معلومات يقع تحت سيطرة المنشئ أو الطرف الذي أرسل الخطاب نيابـة عن المنشئ.

٢- وقت تلقي الخطاب الإلكتروني هو الوقت الذي يصبح فيه ذلك الخطاب قابلا للاستخراج من جانب المرسل إليه على عنوان إلكتروني يعينه المرسل إليه، ووقت تلقي الخطاب الإلكتروني عـلى عنـوان إلكتروني آخر للمرسل إليه هو الوقت الذي يصبح فيـه الخطاب الإلكتروني قابلا للاستخراج مـن جانب المرسل إليه على ذلك العنوان، ويصبح المرسل إليه على علم بأن الخطاب الإلكتروني قد أرسل إلى ذلك العنوان. ويفترض أن يكون الخطاب الإلكتروني قابلا للاستخراج مـن جانـب المرسـل إليـه عندما يصل ذلك الخطاب إلى العنوان الإلكتروني للمرسل إليه

٣- يعتبر الخطاب الإلكتروني قد أرسل من المكان الذي يوجد فيه مقر عمل المنشئ ويعتبر قد تلقي في العنوان الذي يوجد فيه مقر عمل المرسل إليه. حسبما تقررهما المادة ٦.

٤ - تنطبق الفقرة ٢ من هذه المادة بصرف النظر عن احتمال أن يكون المكان الـذي يوجـد فيـه نظـام المعلومات الداعم لعنوان إلكتروني مغايرا للمكان الـذي يعتبر الخطاب الإلكتروني قـد تلقـي فيـه بمقتضى الفقرة ٣ من هذه المادة.

المادة ١١ - الدعوات إلى تقديم عروض

أي اقتراح يقدم لإبرام عقد بواسطة خطاب إلكتروني واحد أو أكثر ولا يكون موجها إلى طرف معين واحد أو أكثر، بل يتيسر الإطلاع عليه للأطراف التي تستخدم نظم المعلومات بما في ذلك الاقتراحات التي تستخدم تطبيقات تفاعليه لتقديم طلبات من خلال نظم المعلومات من ذلك القبيل، يعتبر مجرد دعوة إلى تقديم عروض، ما لم يدل بوضوح على أن مقدم الاقتراح ينوي الالتزام به في حال قبوله.

المادة ١٢ - استخدام نظم الرسائل الآلية في تكوين العقد

لا يجوز إنكار صحة أو إمكانية إنفاذ العقد الذي يكون بالتفاعل بين نظام رسائل آلي وشخص طبيعي، أو بالتفاعل بين نظامي رسائل آليين، لمجرد عدم مراجعة شخص طبيعي كلا مـن الأفعـال التـي قامت بها نظم الرسائل الآلية أو العقد الناتج عن الأفعال أو تدخله فيها.

المادة ١٣ - إتاحة شروط العقد

ليس في هذه الاتفاقية ما يمس بانطباق أي قاعدة قانونيه قد تلزم الطرف الذي يتفاوض عـلى بعض شروط العقد أو كلها من خلال تبادل خطابات إلكترونية بأن

يتيح للطرف الآخر الخطابات الإلكترونية التي تتضمن الشروط التعاقدية على نحو معين، أو ما يعفي ذلك الطرف من العواقب القانونية لعدم قيامه بذلك.

المادة ١٤ - الخطأ في الخطابات الإلكترونية

١- عندما يرتكب شخص طبيعي خطأ في تخاطب إلكتروني مع نظام رسائل آلي تابع لطرف آخر ولا يوفر نظام الرسائل الآلي لذلك الشخص فرصة لتصحيح الخطأ، يحق لذلك الشخص، أو للطرف الـذي يتصـرف ذلك الشخص نيابة عنه، أن يسحب ذلك الجزء من الخطاب الإلكتروني الذي ارتكب فيه الخطأ إذا:

(أ) أبلغ الشخص، أو الطرف الذي يتصرف ذلك الشخص نيابة عنه، الطرف الآخر بالخطأ في أقرب وقت ممكن بعد علمه به، وذكر أنه ارتكب خطأ في الخطاب الإلكتروني ؛

(ب) ولم يكن الشخص، أو الطرف الذي يتصرف ذلك الشخص نيابة عنه،قد تسـتخدم مـا قـد يكون تسلمه من سلع أو خدمات من الطرف الآخر أو حصل على أي منفعة أو قيمة مادية

٢ - ليس في هذه المادة ما يمس بانطباق أي قاعـدة قانونيـة قـد تحكـم عواقـب أي خطأ غـير مـا هـو منصوص عليه في الفقرة ١.

الفصل الرابع- أحكام ختامية

المادة ١٥ - الوديع

يعين الأمين العام للأمم المتحدة بحكم هذه المادة وديعا لهذه الاتفاقية.

المادة ١٦ - التوقيع أو التصديق أو قبول أو الإقرار

١- يفتح باب التوقيع على هذه الاتفاقية أمام جميع الدول في مقر الأمم المتحدة في نيويورك في الفترة من ١٦ كانون الثاني / يناير ٢٠٠٦ إلى ١٦ كانون الثاني/ يناير ٢٠٠٨.

٢ - هذه الاتفاقية خاضعة للتصديق أو القبول أو الإقرار من جانب الدول الموقعة.

٣- يفتح باب الانضمام إلى هذه الاتفاقية أمام جميع الدول التي ليست دولا موقعة اعتبارا من تاريخ فتح باب التوقيع عليها.

٤ - تودع صكوك التصديق والقبول والإقرار والانضمام لدى الأمين العام للأمم المتحدة.

المادة ١٧ - مشاركة منظمات التكامل الاقتصادي الإقليمية

١. يجوز لأي منظمة تكامل اقتصادي إقليمية مؤلفة من دول ذات سيادة ولها اختصاص في مسائل معينة تحكمها هذه الاتفاقية أن تقوم، بالمثل، بالتوقيع على هذه الاتفاقية أو التصديق عليها، أو قبولها أو إقرارها أو الانضمام إليها. ويكون

لمنظمة التكامل الاقتصادي الإقليمية في تلك الحالة ما للدولة المتعاقدة من حقوق وعليها ما على تلك الدولة من والتزامات، ما دام لتلك المنظمة اختصاص في مسائل تحكمها هذه الاتفاقية.وحيثما يكون عدد الدول المتعاقدة ذا أهمية في هذه الاتفاقية، لا تعد منظمة التكامل الاقتصادي الإقليمية دولة متعاقدة إضافة إلى الدول الأعضاء فيها التي هي دول متعاقدة.

٢. توجه منظمة التكامل الاقتصادي الإقليمية، إلى الوديع وقت التوقيع أو التصديق أو القبول أو الإقرار أو الانضمام، إعلانا تحدد فيه المسائل التي تحكمها هذه الاتفاقية والتي أحيل الاختصاص بشأنها إلى تلك المنظمة من جانب الدول الأعضاء فيها. وتسارع منظمة التكامل الاقتصادي الإقليمية بإبلاغ الوديع بأي تغييرات تطرأ على توزيع الاختصاصات، المبينة في الإعلان الصادر بمقتضى هذه الفقرة، بما في ذلك ما يستجد من إحالات لتلك الاختصاصات.

٣. أي إشارة إلى "دولة متعاقدة" أو " دول متعاقدة" في هذه الاتفاقية تنطبق بالمثل على أي منظمة تكامل اقتصادي إقليمية، حيثما اقتضى السياق ذلك.

٤. لا تكون لهذه الاتفاقية غلبة على أي قواعد متعارضة معها تصدر عن أي منظمة تكامل اقتصادي إقليمية وتسري على الأطراف التي تقع مقار أعمالها في دول أعضاء في تلك المنظمة، حسبما يبين في إعلان يصدر وفقا للمادة ٢١.

المادة ١٨ - نفاذ الاتفاقية في الوحدات الإقليمية الداخلية

١- إذا كان للدولة المتعاقدة وحدتان إقليميتان أو أكثر تطبق فيها نظم قانونية مختلفة فيما يتعلق بالمسائل التي تتناولها هذه الاتفاقية، جاز لها أن تعلن، وقت التوقيع أو

التصديق أو القبول أو الإقرار أو الانضمام، أن هذه الاتفاقية تسري على جميع وحداتها الإقليمية أو على واحدة فقط أو أكثر من تلك الوحدات، وجاز لها أن تعدل إعلانها في أي وقت بإصدار إعلان آخر.

٢ - تبلغ هذه الإعلانات إلى الوديع وتذكر فيها بصراحة الوحدات الإقليمية التي تسري عليها الاتفاقية.

٣. إذا كانت هذه الاتفاقية، بحكم إعلان صادر بمقتضى هذه المادة،تسري على واحدة أو أكثر من الوحدات الإقليمية للدولة المتعاقدة ولكن ليس عليها جميعا، وكان مقر عمل الطرف واقعا في تلك الدولة، لا يعتبر مقر العمل هذا، لأغراض هذه الاتفاقية، واقعا في دولة متعاقدة ما لم يكن واقعا في وحدة إقليمية تسري عليها الاتفاقية.

٤ - إذا لم تصدر الدولة المتعاقدة إعلانا بموجب الفقرة ١ من هذه المادة، كانت الاتفاقية سارية على جميع الوحدات الإقليمية لتلك الدولة.

المادة ١٩ - الإعلانات المتعلقة بنطاق الانطباق

١- يجوز لأي دولة متعاقدة أن تعلن، وفقا للمادة ٢١، أنها لن تطبق هذه الاتفاقية إلا:

(أ) عندما تكون الدول المشار إليها في الفقرة ١ من المادة ١، دولا متعاقدة في هذه الاتفاقية ؛ أو

(ب) عندما تكون الأطرف قد اتفقت على انطباقها.

٢ - يجوز لأي دولة متعاقدة أن تستبعد من نطاق انطباق هذه الاتفاقية المسائل التي تذكرها تحديدا في إعلان تصدره وفقا للمادة ٢١.

المادة ٢٠ - الخطابات المتبادلة بمقتضى الاتفاقيات الدولية الأخرى

١- تنطبق أحكام هذه الاتفاقية على استخدام الخطابات الإلكترونية في سياق تكوين أو تنفيذ عقد تسري عليه أي من الاتفاقيات الدولية التالية، التي تكون الدولة المتعاقدة في هذه الاتفاقية، أو قد تصبح دولة متعاقدة فيها:

- اتفاقيه الاعتراف بقرارات التحكيم الأجنبية وإنفاذها (نيويورك، ١٠ حزيران / يونيه ١٩٥٨) ؛

- اتفاقيه فترة التقادم في البيع الدولي للبضائع (نيويورك، ١٤ حزيران / يونيه ١٩٧٤) والبروتوكول الملحق بها (فيينا، ١١ نيسان / ابريل ١٩٨٠) ؛

- اتفاقيه الأمم المتحدة المتعلقة بعقود البيع الدولي للبضائع (فيينا، ١١ نيسان / ابريل ١٩٨٠) ؛

- اتفاقيه الأمم المتحدة المتعلقة بمسؤولية متعهدي خدمات المحطات النهائية للنقل في التجارة الدولية (فيينا، ١٩ نيسان / ابريل ١٩٩١) ؛

- اتفاقيه الأمم المتحدة المتعلقة بالكافلات المستقلة وخطابات الاعتماد الضامنة (نيويورك، ١١ كانون الأول / ديسمبر ١٩٩٥) ؛

- اتفاقيه الأمم المتحدة لإحالة المستحقات في التجارة الدولية (نيويورك، ١٢ كانون الأول / ديسمبر ٢٠٠١).

٢- تنطبق إحكام هذه الاتفاقية كذلك على استخدام الخطابات الإلكترونية في سياق تكوين أو تنفيذ عقد يسري عليه أي من الاتفاقيات أو المعاهدات أو الاتفاقات الدولية الأخرى، غير المذكورة تحديدا في الفقرة ١ من هذه المادة، والتي تكون

الدولة المتعاقدة في هذه الاتفاقية أو قد تصبح دولة متعاقدة فيها، ما لم تكن تلك الدولة قد أعلنت، وفقا للمادة ٢١، أنها لن تكون ملزمة بهذه الفقرة.

٣. يجوز لأي دولة تصدر إعلانا عملا بالفقرة ٢ من هذه المادة أن تعلن أيضًا أنها ستطبق أحكام هذه اتفاقيه، على الرغم من ذلك، على استخدام الخطابات الإلكترونية في سياق تكوين أو تنفيذ أي العقد يسري عليه أي من الاتفاقيات أو المعاهدات أو الاتفاقات الدولية المحددة التي تكون الدولة أو قد تصبح دولة متعاقدة فيها.

٤ - يجوز لأي دولة إن تعلن أنها لن تطبق إحكام هذه الاتفاقية على استخدام الخطابات الإلكترونية في سياق تكوين أو تنفيذ عقد يسري عليه أي من الاتفاقيات أو المعاهدات أو الاتفاقات الدولية المذكورة تحديدا في الإعلان الصادر عن تلك الدولة والتي تكون تلك الدولة، أو قد تصبح، دولة متعاقدة فيها، بما في ذلك أي من الاتفاقيات المشار إليها في الفقرة ١ من هذه المادة، حتى وإن لم تستبعد تلك الدولة تطبيق الفقرة ٢ من هذه المادة بإعلان تصدره وفقا للمادة ٢١.

المادة ٢١ – إجراءات إصدار الإعلانات وسريان مفعولها

١- يجوز إصدار إعلانات بمقتضى الفقرة ٤ من المادة ١٧، والفقرتين ٢،١ من المادة ١٩، والفقرات ٤،٣،٢، من المادة ٢٠، في أي وقت، إما الإعلانات التي تصدر وقت التوقيع على الاتفاقية فهي تخضع للتأكيد عند التصديق أو القبول أو الإقرار.

٢- تكون الإعلانات وتأكيداتها مكتوبة وتبلغ إلى الوديع رسميا.

٣- يسري مفعول الإعلان في آن واحد مع بدء نفاذ هذه الاتفاقية فيما يخص الدولة المعنية. أما الإعلان الذي يبلغ به الوديع رسميا بعد بدء نفاذ الاتفاقية فيسري مفعوله في اليوم الأول من الشهر الـذي يعقب انقضاء ستة أشهر على تاريخ تلقي الوديع إشعارا به.

٤- يجوز لأي دولة تصدر إعلانا بمقتضى هذه الاتفاقية أن تعدله أو تسحبه في أي وقت بإشعار رسمي مكتوب يوجه إلى الوديع. ويسري مفعول التعديل أو السحب في اليوم الأول مـن الشهر الـذي يعقب انقضاء ستة أشهر على تاريخ تلقي الوديع ذلك الإشعار.

المادة ٢٢ – التحفظات

لا يجوز تقديم تحفظات في إطار هذه الاتفاقية.

المادة ٢٣ - بدء النفاذ

١- يبدأ نفاذ هذه الاتفاقية في اليوم الأول من الشهر الذي يعقب انقضاء ستة أشهر علـى تاريخ إيداع الصك الثالث من صكوك التصديق أو القبول أو الإقرار أو الانضمام.

٢- عندما تصدق إي دولة على هذه الاتفاقية، أو تقبلها أو تقرها أو تنضم إليها بعد إيداع الصك الثالث، من صكوك التصديق أو القبول أو الإقرار أو الانضمام، يبدأ نفـاذ هـذه الاتفاقيـة فيمـا يخص تلـك الدولة في اليوم الأول من الشهر الذي يعقب انقضاء ستة أشهر على تاريخ إيداع صـك تصديقها أو قبولها أو إقرارها أو انضمامها.

المادة ٢٤ - وقت الانطباق

لا تنطبق هذه الاتفاقية ولا أي إعلان إلا على الخطابات الإلكترونية التي توجه بعد التاريخ الذي يبدأ فيه نفاذ الاتفاقية أو يسري فيه مفعول الإعلان فيما يخص كل دولة متعاقدة.

المادة ٢٥ - الانسحاب

١- يجوز للدولة المتعاقدة أن تعلن انسحابها من هذه الاتفاقية بإشعار يوجه إلى الوديع كتابة.

٢- يسري مفعول الانسحاب في اليوم الأول من الشهر الذي يعقب انقضاء اثني عشر شهرا على تلقي الوديع إشعار به. وعندما تحدد في الإشعار فترة أطول من تلك فيسري مفعول الانسحاب عند انقضاء تلك الفترة الأطول بعد تلقي الوديع ذلك الإشعار.

حررت في نيويورك في ٢٣ تشرين الثاني / نوفمبر ٢٠٠٥، من أصل واحد، تتساوى في الحجية نصوصه العربية والصينية والانكليزية الفرنسية والروسية والاسبانية.

قائمة المراجع

أولاً: قائمة المراجع العربية

أ - المراجع العامة:

جويل سكامبري، سيتوارت ماكلور، جورج كيرتز - القرصنة تحت الأضواء، أسرار وحلول لحماية الشبكات، ترجمة مركز التعريب والترجمة، الدار العربية للعلوم، الطبعة الأولى - ٢٠٠١.

سميس مارك بيكر، مارك كومسون. ترجمة د. خالد العميري - التجارة الإلكترونية دار الفاروق للنشر والتوزيع - الطبعة الأولي -٢٠٠٠ م.

د. طارق عبد العال حماد - التجارة الإلكترونية - الدار الجامعية ٢٠٠٣ -٢٠٠٢.

ب - المراجع القانونية:

د. إبراهيم أحمد إبراهيم، القانون الدولي الخاص - تنازع القوانين، دار النهضة ٢٠٠٢.

د. أحمد سلامة مذكرات في نظرية الالتزام - الكتاب الأول - مصادر الالتزام - ١٩٩٩ - ٢٠٠٠.

د. احمد خليفة الملط - الجرائم المعلوماتية - دار الفكر الجامعي - ٢٠٠٥.

د. أسامة أبو الحسن مجاهد – خصوصية التعاقد عبر الإنترنت – دار النهضة العربية ٢٠٠٣.

د. أسامة أحمد شوقي المليجي - استخدام مستخرجات التقنيات العلمية الحديثة وأثرة على قواعد الإثبات المدني، دار النهضة العربية، ٢٠٠٠.

د. أنور سلطان – مصادر الالتزام في القانون المدني الأردني – الطبعة الأولى- منشورات الجامعة الأردنية ١٩٨٧.

د. أيمن سعد سليم -التوقيع الإلكتروني، دراسة مقارنة، دار النهضة العربية. ٢٠٠٤.

د. ثروت عبد الحميد - التوقيع الإلكتروني - الطبعة الثانية -مكتبة الجلاء الجديدة -٢٠٠٢-٢٠٠٣.

د. جميل الشرقاوي – النظرية العامة للالتزام – الكتاب الأول – مصادر الالتزام – بـدون طبعـة – ١٩٩١.

د. حامد زكي – القانون الدولي الخاص المصري – الطبعة الأولى – مطبعة نوري ١٩٣٦.

د. حسام الدين كامل الاهـواني- النظريـة العامـة للالتـزام – الجـزء الأول. المجلـد الأول – المصـادر الإرادية للالتزام – الطبعة الثالثة ٢٠٠٠.

د. حسن عبد الباسط جميعي - إثبات التصرفات القانونية التي يتم إبرامها عـن طريـق الإنترنت - دار النهضة العربية، ٢٠٠٠.

د. خالد إبراهيم - إبرام العقد الإلكتروني – دراسة مقارنة - دار الفكر الجامعي- ٢٠٠٦.

د. رمضان أبو السعود – مصادر الالتزام في القانون المصري واللبناني – الطبعة الأولى – الدار الجامعية – ١٩٩٠.

د. سليمان مرقس الوافي في شرح القانون المدني – الالتزامات – نظرية العقد – الإرادة المنفردة – المجلد الأول – الطبعة الأولى – ١٩٨٧.

د. سمير حامد عبد العزيز الجمال – التعاقد عبر تقنيات الاتصال الحديثة الطبعة الأولى ٢٠٠٦.

د. سمير عبد السيد تناغو، مصادر الالتزام، العقد – الإرادة المنفردة - العمل غير المشروع - الإثراء بلا سبب، ١٩٩٩-٢٠٠٠.

د. شحاتة غريب محمد شلقامي – التعاقد الإلكتروني في التشريعات العربية – دار النهضة العربية – ٢٠٠٥.

د. طلبة خطاب – النظرية العامة للالتزام – مصادر الالتزام - المصادر الإرادية – العقد – الإرادة المنفردة- ٢٠٠٠-٢٠٠١.

د. عبد الرزاق السنهوري – الوسيط في شرح القانون المدني الجديد – نظرية الالتزام بوجه عام - مصادر الالتزام الجزء الأول – دار إحياء التراث العربي - ١٩٥٢

د. عبد الفتاح بيومي حجازي – النظام القانوني لحماية الحكومة الإلكترونية - الكتاب الأول - الطبعة الأولى - دار الفكر الجامعي - ٢٠٠٣م.

د. عبد المجيد أبو هيف - القانون الدولي الخاص – في أوروبا وفي مصر. مطبعة الاعتماد. ١٩٢٤.

د. عبد المنعم فرج الصده – مصادر الالتزام – دراسة في القانون اللبناني والقانون المصري – دار النهضة العربية - بدون طبعة- ١٩٧٩.

د. عبد الودود يحيى – الموجز في النظرية العامة للالتزامات – بدون طبعة – دار النهضة العربية – ١٩٨٥.

د. عز الدين عبدالله – القانون الدولي الخاص المصري – مكتبة النهضة – الطبعة الثانية - ١٩٥٤.

د. علي نجيدة – النظرية العامة للالتزام – الكتاب الأول – مصادر الالتزام – دار الثقافة العربية – الطبعة الثانية – ٢٠٠٢.

د. علي الزيني – القانون الدولي الخاص – المصري والمقارن – الجزء الأول – مطبعة الاعتماد ١٩٢٨.

د. مفلح عواد القضاة -البينات في المواد المدنية والتجارية - دار الثقافة الطبعة الثانية ١٩٩٤.

د. محمد حسن قاسم – التعاقد عن بعد – قراءة تحليلية في التجربة الفرنسية مع الإشارة لقواعد القانون الأوروبي – دار النهضة الجديدة للنشر – ٢٠٠٥.

د. محمد لبيب شنب - دروس في الإثبات- دار النهضة العربية-١٩٨٥

د. مصطفى الجمال – مصادر الالتزام – دار المطبوعات الجامعية – ١٩٩٩.

د. ممدوح محمد علي مبروك -مدى حجية التوقيع الإلكتروني في الإثبات، دراسة مقارنة بالفقه الإسلامي - دار النهضة العربية- ٢٠٠٥.

د. هدى حامد قشقوش – الحماية الجنائية. للتجارة الإلكترونية عبر الإنترنت – دار النهضة –٢٠٠٠.

ج - الأبحاث:

د. إبراهيم الدسوقي أبو الليل -التوقيع الإلكتروني ومدى حجيته في الإثبات "دراسة مقارنة" - بحث مقدم ضمن أعمال مؤتمر القانون والحاسوب - في الفترة ١٢-١٤/تموز/٢٠٠٤، جامعة اليرموك- الأردن.

د. أيمن مساعدة -التوقيع الرقمي وجهات التوثيق - بحث مقدم لمؤتمر القانون والحاسوب - في الفترة ١٢-١٤/تموز/٢٠٠٤، جامعة اليرموك الأردن.

د. عادل محمود شرف ود. عبدالله إسماعيل عبدالله. - ضمانات الأمن والتامين في شبكة الإنترنت - بحث مقدم لمؤتمر القانون والكمبيوتر والإنترنت، العين، الإمارات العربية المتحدة من ١-٣ مايو سنة ٢٠٠٠.

د. عبد العزيز المرسى حمود – مدى حجية المحرر الإلكتروني في الإثبات في المسائل المدنية والتجارية في ضوء قواعد الإثبات النافذة _٢٠٠٥_ بدون ناشر _

د. فايز عبد الله الكندري - الإنترنت والإرادة التعاقدية - بحث مقدم لمؤثر القانون والحاسوب – جامعة اليرموك – الأردن ١٢ – ١٤/تموز/٢٠٠٤ ص ٤.

ثانياً: المراجع الأجنبية:

Brian Gladman. Carl Ellison. and Nicholas Bohm. Digital Signatures, Certificates & Electronic Commerce. Version ١. ١, ١٩٩٩.

Eben otutexe. Framework. For e-Business Information Security Management (Report) ١/my/٢٠٠١.

Froomkin (Michael): "the essential role of trusted third parties in electronic commerce" ١٩٩٦.

Ian Curry. An Introduction to Cryptography and Digital Signatures. ٢٠٠١. Version ٢.٠.

Paul Mobbs. Using Encryption and Digital Signatures. ٢٠٠٢.

http://security. ngoinabox. org/Documentation/Intro-Docs/ scb٤-Encryption. pdf

Printed in the United States
By Bookmasters